Je fais mes tablettes de chocolat

Les ustensiles

moule à tablettes de chocolat
(ne pas mettre au four !
Lavable en machine)

spatule souple

cuillère droite acier

casserole bain-marie

zesteur

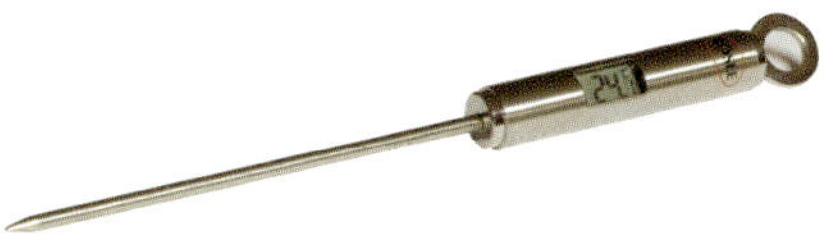

thermomètre de cuisson

Je fais mes tablettes de chocolat

par Anne Deblois

photographies de Jean-Pierre Duval

Avec la participation de Laurence Alemanno
et Jean-René Jahény

Romain Pages Éditions

www.chocolanne.com

Table des matières

Le chocolat, une histoire carrément royale

Par Jean-René Jahény

Déjà, Le grand Richelieu buvait force tasses de chocolat pour tenter de calmer ses douleurs de rate. Et malgré cela, il traînait sa solitude hautaine, son hypocondrie naturelle et de profondes dépressions. Avait-il des carences en magnésium et ses rations de chocolat étaient-elles suffisantes ?
Qui sait ?

Louis XIV, qui avait été à bonne école avec sa mère Anne d'Autriche, ne dédaignait pas de préparer lui-même sa petite collation au chocolat avec moult bains-marie et jaunes d'œuf selon une recette qui lui était toute personnelle. Il disparaissait dans les petits appartements derrière les pièces d'apparat de Versailles, pour satisfaire sa gourmandise naturelle.

La jeune épouse du Roi Soleil, Marie-Thérèse d'Autriche, qui, comme son nom ne l'indique pas, était espagnole (puisqu'elle était fille de Philippe IV d'Espagne), en se mariant avec le jeune roi à Saint Jean-de-Luz, en fit un « addict » au chocolat. En franchissant pour toujours la Bidassoa, elle avait pris soin d'emporter dans ses bagages tout son petit nécessaire pour préparer le délicieux breuvage. Se doutait-elle qu'elle ne refranchirait plus jamais les Pyrénées ?
Sans doute, et ce fut le cas.
Mais, concernant le chocolat, elle avait pris ses précautions.

Il est vrai que les Espagnols connaissaient l'usage du chocolat depuis plus d'un siècle déjà, mais ils en réservaient l'usage, la dégustation et le secret de sa préparation à la seule cour espagnole. La « nourriture des dieux » comme disaient les Mayas, pour le seul plaisir des rois.

Jeune femme buvant du chocolat,
par François de Troy (1645-1730),
huile sur toile, 25 x 34 cm,
exposée à Berlin (Allemagne), Gemäldegalerie.

Christophe Colomb en 1502, avait bien été mis en présence des fameuses cabosses, mais il n'en avait pas deviné l'importance, pourtant elles servaient déjà de monnaie d'échange. C'est ce rustre d'Hernan Cortez en 1519, qui découvrit, au cours d'une collation avec l'empereur aztèque Montezuma, avant finalement de le trucider, l'importance de ce breuvage. Il en apprécia rapidement, non seulement le goût mais aussi les vertus nourrissantes, fortifiantes et évidemment aphrodisiaques. Sinon, quel intérêt ?

Pourtant à l'époque, le chocolat, appelé « cacahualt » par les Mayas, ne se déguste que sous forme de boisson amère, adoucie de miel à la cour espagnole. Les Mayas le mélangent avec de l'eau, des épices et en font une boisson roborative appréciée par tous. Ce n'est qu'au XIVe siècle que l'on inventera le chocolat en poudre puis en tablettes. Nous y reviendrons.

Le cacao est facile à cultiver. C'est une plante, originaire du bassin de l'Orénoque, qui vient « à couvert », c'est-à-dire sous la protection d'arbres plus grands qui lui apportent de l'ombre. Il lui faut de l'eau et de la chaleur, et c'est ainsi que poussent à même les branches et le tronc, de gros fruits de 20 centimètres de long que l'on appelle communément cabosses.

Mais la préparation du chocolat n'est pas chose facile, elle sera artisanale jusqu'au XIXe siècle et c'est la presse hydraulique de Fry à Bristol en 1728 puis surtout de Pelletier en 1770 qui fera entrer le chocolat dans l'ère de la consommation de masse.

Marie-Thérèse, toute reine de France qu'elle était, se voyait obligée d'utiliser les mêmes méthodes que les Indiens d'Amérique : laisser la cabosse fermenter environ quatre jours, en extraire les fèves qu'elle contient, une quarantaine, puis concasser ces fèves pour en retirer les amandes qui seront aérées et séchées. Enfin ces amandes seront torréfiées sur une pierre chauffée. Opération délicate pour que le cacao prenne couleur et arômes sans le dénaturer. Puis, il faudra broyer les amandes afin de récolter la poudre de cacao et en extraire le beurre. Plus tard, ce beurre sera largement utilisé par les industries cosmétique et pharmaceutique. Il ne restera plus à Marie-Thérèse qu'à préparer la divine poudre avec de l'eau essentiellement. Du moins jusqu'au milieu du XIXe siècle.
Les Européens mécaniseront les processus de fabrication et à partir de 1820, la production prendra un essor considérable. Il faudra attendre les Suisses

et le XIXe siècle pour y adjoindre du lait. Puis, les Anglais, les Belges et les Français, qui seront longtemps leaders de la production avec des marques et des inventeurs aussi célèbres que Meunier et Poulain, affineront les recettes en adjoignant tout ce qui fait la subtilité des chocolats contemporains : noisettes, oranges, fruits, noix etc.
Nous n'aurons garde d'oublier des noms aussi célèbres que les suisses Suchard, Kohler, Tobler et Lindt, et le Hollandais Van Houten sans qui les gâteaux au chocolat ne seraient ce qu'ils sont !

Il faut rendre un hommage particulier au suisse Cailler qui sera le premier en 1819, à fabriquer une barre de chocolat. Il venait d'inventer le chocolat à croquer. Découverte qui nous intéresse au plus haut point dans un livre dont l'objet est justement d'en dévoiler les recettes.

Quatre siècles plus tard, l'agrologie du cacao a bien changé. Les nombreuses espèces depuis le rustique Forestero, le Griollo jusqu'aux Trinitario, ont peu à peu laissé la place à celui que Linné en 1737 appelait déjà le « Théobroma », la « nourriture des dieux ». Et puis, la géographie du cacaoyer s'est profondément modifiée. Il a franchi l'Atlantique et s'est très bien acclimaté à l'Afrique. Les producteurs européens fournissaient ainsi à leurs colonies une culture d'exportation à haute valeur ajoutée. Ils pouvaient devenir propriétaires de leurs propres plantations, et au bout du compte faisaient de substantielles économies de transport.

Aujourd'hui la situation a évolué, les états indépendants d'Afrique ont pris le relais, du moins faut-il le souhaiter. Les quatre pays africains leaders de la production sont la Côte d'Ivoire pour 34 %, le Ghana avec 18 %, suivent le Nigéria et le Cameroun. Il faut toujours compter avec une production américaine et désormais des cabosses en provenance des Philippines et de Java.

Boisson des princes, des empereurs et des rois, le chocolat est devenu une friandise universelle. Il est difficile d'imaginer que l'on ait pu vivre sans une barre de chocolat à la collation et un grand bol de cacao au petit déjeuner. Et honte soit sur la mémoire d'Anne d'Autriche et de Marie-Thérèse qui dégustaient égoïstement leur chocolat aussi précieux que l'or des Incas, pour l'avoir dissimulé à la gourmandise de leurs sujets. Soyons indulgents avec Louis XIV, il le préparait tout seul, et lançons-nous hardiment dans toutes ces recettes de chocolat en tablettes, en carreaux, en barres qui nous donneront la santé et feront à n'en pas douter, les femmes belles... à croquer.

Un peu de technique

Par Anne Deblois [www.chocolanne.com]

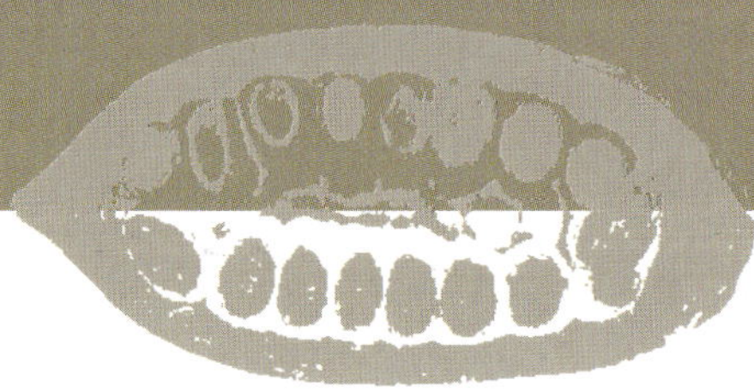

Pour faire fondre le chocolat

Le meilleur procédé pour faire fondre du chocolat, qu'il soit noir, au lait, ou blanc, est le bain-marie. Cette technique consiste à tremper le récipient qui contient le chocolat dans un autre récipient d'eau chaude. De cette manière, la chaleur reste douce et constante. Le chocolat fond alors lentement, et acquiert petit à petit une texture lisse et homogène.
Il existe dans le commerce des « casseroles bain-marie », où les deux récipients (l'un pour l'eau, l'autre pour le chocolat) sont solidaires. Elles sont idéales pour la réalisation des recettes de tablettes de chocolat : il suffit de verser l'eau (à environ à mi-hauteur) dans la partie inférieure de la casserole, et de la mettre sur le feu.
Nous vous recommandons également l'utilisation d'une spatule souple pour remuer et travailler le chocolat.

Pour réaliser vos tablettes, deux techniques vous sont proposées :

1. Simple et rapide

La première technique est rapide et simple ; il suffit de faire fondre le chocolat au bain-marie jusqu'à ce que celui-ci soit liquide et homogène, puis d'y incorporer les divers ingrédients, suivant les étapes décrites dans les recettes.

Vous obtiendrez alors des tablettes lisses et brillantes, mais dont l'inconvénient sera de fondre rapidement entre les doigts. Une conservation au réfrigérateur sera préférable, ce qui peut altérer légèrement le goût du chocolat.

2. Le tempérage

Pour obtenir des tablettes plus dures, et plus brillantes, la deuxième technique proposée est celle du tempérage du chocolat. Tempérer le chocolat est une technique qui consiste à lui faire subir une courbe de température bien précise, de manière à ce que le beurre de cacao cristallise et se stabilise.

Les températures à atteindre et les étapes à suivre sont les suivantes :

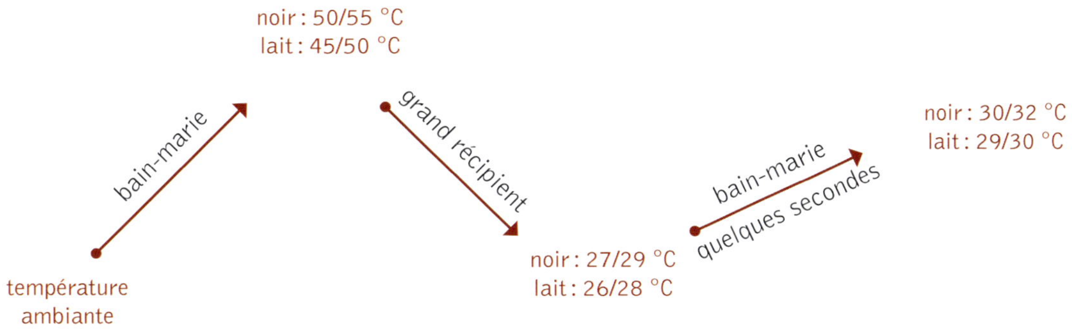

Méthode

Cassez votre chocolat en morceaux grossiers. Déposez-les dans un bain-marie. Faites chauffer à feu très doux en prenant garde à ce que l'eau reste frémissante (non bouillante).

Dès que le chocolat commence à fondre, remuez-le sans cesse à l'aide d'une spatule souple afin que la température soit uniforme. Contrôlez la température à l'aide d'un thermomètre de cuisine, et laissez chauffer jusqu'à atteindre une température comprise entre 50 et 55 °C (45 à 50 °C pour le chocolat au lait).

- Versez le chocolat dans un grand récipient. Remuez en étalant le chocolat, puis en ramenant les bords vers le centre de manière à garder une masse uniforme, qui ne fige pas sur les bords. Renouvelez le geste jusqu'à ce que le chocolat atteigne une température de 27 à 29 °C (26 à 28 °C pour le chocolat au lait).
- Reversez le chocolat dans le bain-marie, et faites chauffer à feu très doux en remuant pour obtenir un chocolat compris entre 30 et 32 °C. Attention, cette étape est très rapide, il suffit de quelques secondes pour que le chocolat atteigne cette température.

Pour mouler et démouler le chocolat

1. Le moulage

Placez votre moule à tablettes sur une surface plane.

Une fois que votre chocolat a atteint la température souhaitée, versez-le dans le moule en raclant la casserole à l'aide d'une spatule souple.

(En utilisant une casserole bain-marie, prenez garde à verser le chocolat du côté opposé à l'ouverture faite pour remplir l'eau).

Pour lisser les préparations, laissez le moule posé à plat sur un plan de travail. Faites-le glisser horizontalement par petits à-coups, d'avant en arrière, de manière à ce que le chocolat se répartisse dans le moule et ait une surface lisse.

2. La prise au froid

Laissez vos préparations au moins 3 heures au réfrigérateur avant de les démouler. Par la suite, le chocolat non tempéré est à conserver de préférence au réfrigérateur, dans un papier d'aluminium. Le chocolat tempéré peut se conserver dans un endroit frais et sec, ou au réfrigérateur suivant la texture souhaitée.

3. Le démoulage des tablettes

À la sortie du réfrigérateur, tordez deux coins opposés du moule (en haut à gauche et en bas à droite par exemple), puis les deux autres coins pour que les plaquettes de chocolat se décollent du moule. Vous devez alors voir les tablettes se soulever lorsque vous tordez le moule. Placez votre main sur la tablette, puis renversez le moule pour en récupérer la tablette de chocolat. Si vous utilisez un moule à trois tablettes solidarisées, vous devez prendre garde à bloquer les trois tablettes avant de faire basculer le moule pour éviter qu'elles ne se brisent.

Si les tablettes ne se décollent pas lorsque vous tordez le moule, passez le fond du moule quelques secondes sous l'eau très chaude. Vous pouvez aussi passer la pointe d'un couteau autour de la tablette pour en décoller les contours.

Les chocolats à utiliser

La palette des chocolats que vous pouvez utiliser pour créer vos tablettes est aussi vaste qu'il existe de chocolat. Le chocolat indiqué pour chaque recette est une simple suggestion, et peut être aisément remplacé par le chocolat de votre choix, en fonction du goût que vous recherchez.

La matière première de base est le chocolat, qu'il soit sous forme de tablettes, de bloc, ou de pistoles (grosses pépites).

Pour des chocolats communs, vous pouvez vous fournir aussi bien en grandes surfaces, où vous trouverez des tablettes classiques ou « à dessert », que chez un chocolatier industriel pour utiliser des pistoles de chocolat dit « de couverture ».

Pour des chocolats plus raffinés, préférez les magasins spécialisés et magasins « bio », qui pourront avoir des panels plus larges, privilégiant des productions de qualité et des chocolats à teneur plus élevée en cacao, pouvant aller jusqu'à un chocolat à 100 % de cacao.

14

D'où vient le chocolat?

Par Laurence Alemanno [www.chocolatitudes.com]

Le chocolat est fabriqué à partir des graines du cacaoyer que l'on appelle également fèves de cacao. Une fois les cabosses cueillies, les fèves en sont extraites. Elles sont fermentées pendant quelques jours pour permettre la synthèse des précurseurs d'arômes, puis séchées au soleil. On parle alors de cacao marchand, car c'est à cette étape que les fèves sont vendues et expédiées dans les pays consommateurs, qui sont aussi les principaux pays fabricants de chocolat. Les fèves sont ensuite torréfiées pour développer l'arôme chocolat. Débarrassées de leur coque et de leur germe, elles sont broyées à chaud et forment ainsi la pâte de cacao, indispensable à la fabrication du chocolat noir, du chocolat au lait, et même du chocolat blanc.

Si la pâte de cacao est pressée, la matière grasse du cacao est extraite : c'est le beurre de cacao. C'est en lui ajoutant du sucre et du lait en poudre que l'on obtient le chocolat blanc. Le chocolat noir est fabriqué directement à partir de la pâte de cacao à laquelle on ajoute du sucre, et du beurre de cacao. Le chocolat au lait est, lui aussi, fabriqué à partir de pâte de cacao à laquelle on intègre du beurre de cacao, de la poudre de lait et du sucre.

Pour choisir un chocolat noir, deux critères sont à examiner : le pourcentage du chocolat et l'origine des fèves de cacao. Plus le pourcentage d'un chocolat est élevé, plus le chocolat contient de pâte et de beurre de cacao, et moins il contient de sucre. Au niveau gustatif, un chocolat à fort pourcentage sera moins sucré et plus intense qu'un chocolat à faible pourcentage. L'origine des fèves de cacao est très importante quant au goût final. Actuellement, 50 pays produisent du cacao. En fonction des variétés cultivées et du lieu de culture, le chocolat aura des goûts différents. Ainsi, très grossièrement, on distingue le cacao commun (qui a un goût de chocolat basique et prononcé) des cacaos fins ou aromatiques. Ceux-ci, en plus de l'arôme chocolat, possèdent des arômes plus subtils : arômes de fruits frais pour le cacao de Madagascar, arômes floraux pour le *Nacional Arriba* d'Equateur par exemple. L'origine des fèves de cacao est rarement indiquée sur les tablettes des marques les plus courantes. En revanche, dès que vous vous adressez à un chocolat de qualité, bio ou issu du commerce équitable, la provenance est spécifiée. À vous de goûter et de choisir le chocolat qui vous convient !

« La fève de cacao est un phénomène que la nature n'a pas répété. On n'a jamais trouvé autant de qualités réunies dans un si petit fruit. » (Alexandre von Humboldt, *Voyage aux régions équinoxiales du Nouveau Continent*)

16 Chocolat noir aux fèves de cacao

Retirez la pellicule extérieure de chaque fève de cacao. Broyez-les grossièrement dans un mortier de manière à garder quelques morceaux croquants.

Faites fondre le chocolat noir dans un bain-marie. Remuez sans cesse jusqu'à obtenir une consistance homogène, ou bien tempérez le chocolat en respectant en respectant la méthode décrite pages 11 et 12 (le tempérage).

Versez environ les ¾ des morceaux de fèves dans le chocolat, et mélangez.

Versez le chocolat dans un moule à tablette.

Lissez en agitant légèrement la plaquette horizontalement.

Répartissez par-dessus le reste des morceaux de fève de cacao.

Réservez au froid (réfrigérateur) pendant au moins 3 heures en laissant le dessus de la plaquette à l'air libre.

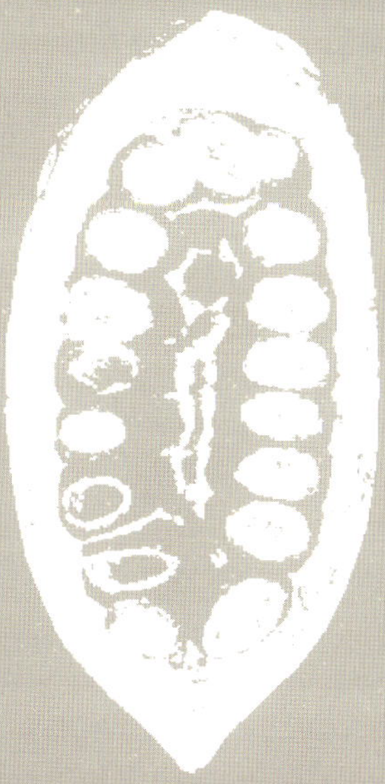

Ingrédients

- 90 g de pistoles de chocolat noir à 75 % de cacao
- 10 g de fèves de cacao non torréfiées

On peut trouver des fèves de cacao dans des magasins spécialisés en chocolat, ou dans certains magasins bio.

« Je devais avoir dix ans – peut être plus – lorsque je goûtai pour la première fois du vrai chocolat. Ma fascination ne cessa pas pour autant. »
(Joanne Harris, *Chocolat*)

18 Chocolat noir au mélange de graines et baies

Faites fondre le chocolat noir dans un bain-marie. Remuez sans cesse jusqu'à obtenir une consistance homogène, ou bien tempérez le chocolat en respectant la méthode décrite pages 11 et 12 (le tempérage).

Ajoutez la moitié du mélange de graines et baies dans le chocolat chaud, et mélangez.

Versez dans un moule à tablette en répartissant les graines et les baies. Lissez en agitant légèrement la plaquette horizontalement.

Tant que le chocolat est encore chaud, plantez une à une le reste des graines et baies séchées de manière à les dresser.

Réservez au froid (réfrigérateur) pendant au moins 3 heures.

Ingrédients

- 60 g chocolat noir
- 30 g de mélange de graines :
  graines de tournesol, graines de courge, pignons, baies séchées (cranberries, mûres et baies de goji)

19 Chocolat noir aux pois chiches grillés et fleurs de mauve

Faites revenir les pois chiches avec le miel dans une poêle, à feu moyen, pendant environ 4 mm, jusqu'à ce que les pois chiches brunissent. Stoppez le feu, puis laissez refroidir les pois chiches.

Faites fondre le chocolat noir dans un bain-marie. Remuez sans cesse jusqu'à obtenir une consistance homogène, ou bien tempérez le chocolat en respectant la méthode décrite pages 11 et 12 (le tempérage).

Réservez 5 à 6 pois chiches. Ajoutez le reste des pois chiches dans le chocolat, et remuez.

Versez le chocolat dans un moule à tablette en répartissant les pois chiches. Lissez en agitant légèrement la plaquette horizontalement. Répartissez par-dessus les pois chiches réservés, et les fleurs de mauve.

Réservez au froid (réfrigérateur) pendant au moins 3 heures en laissant le dessus de la plaquette à l'air libre.

Ingrédients

- 90 g de chocolat noir
- 5 g de pois chiches grillés blanc
- 1 cs de miel
- 1 cc de fleurs de mauve séchées

« Heureux chocolat, qui après avoir couru le monde, à travers le sourire des femmes, trouve la mort dans un baiser savoureux et fondant de leur bouche. »
(Anthelme Brillat-Savarin, *Physiologie du goût*)

20 Chocolat noir au lemon curd

Faites fondre la moitié du chocolat noir (45 grammes) dans un bain-marie. Remuez sans cesse jusqu'à obtenir une consistance homogène, ou bien tempérez le chocolat en respectant la méthode décrite pages 11 et 12 (le tempérage).

Versez dans un moule à tablette, répartissez le chocolat en une première couche et placez-le au congélateur pendant 10 minutes.

Sortez le moule à tablette et étalez le *lemon curd* sur le chocolat à l'aide d'une cuillère à café en une couche deuxième couche la plus lisse possible.

Placez le moule à tablette au congélateur pendant 3 minutes.

Faites fondre le reste du chocolat selon la même méthode que plus haut, et versez-le par-dessus.

Lissez en agitant très légèrement la plaquette horizontalement.

Réservez au froid (réfrigérateur) pendant au moins 3 heures.

*Le *lemon curd* est très courant au Royaume-Uni, mais difficilement trouvable en France. C'est un mélange de beurre et de citron, qui fait penser à la garniture d'une tarte au citron.

Faites quelques zestes de citron (à l'aide d'un zesteur ou de la pointe d'un couteau).

Pressez les citrons, récupérez le jus.

Faites fondre le beurre.

Mélangez le sucre et les œufs jusqu'à les faire blanchir.

Ajoutez le beurre, le jus de citron et les zestes.

Mélangez et laissez refroidir.

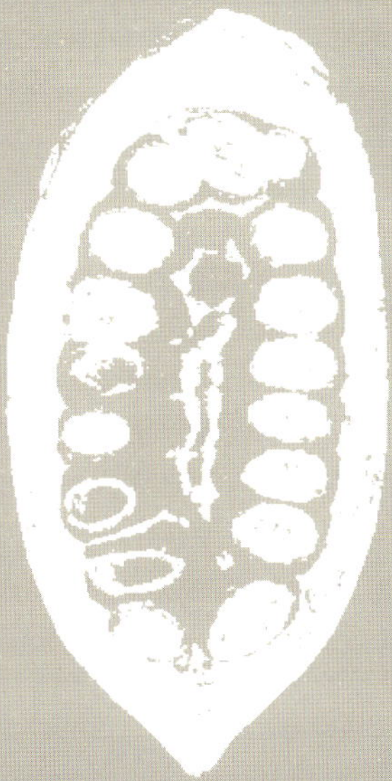

Ingrédients

- 90 g de chocolat noir
- 35 g de *lemon curd**

Garniture au citron :

- 2 œufs
- 120 g de sucre
- 75 g de beurre
- 2 citrons

« Le cacaoyer dont la fusée, là-haut, sans bruit, déverse ses amandes délicieuses. » (Miguel Angel Asturias, *Homme de maïs*)

22 Chocolat noir, chocolat au lait et amandes grillées

Faites fondre le chocolat noir dans un bain-marie. Remuez sans cesse jusqu'à obtenir une consistance homogène, ou bien tempérez le chocolat en respectant la méthode décrite pages 11 et 12 (le tempérage).

Versez-le dans un moule à tablette, répartissez le chocolat en une première couche et placez celui-ci au congélateur pendant 10 minutes.

Faites torréfier les amandes à la poêle ou au gril du four jusqu'à ce qu'elles soient dorées.

Disposez-les sur le chocolat noir en une deuxième couche.

Faites fondre le chocolat au lait dans un bain-marie selon la même méthode ci-dessus, et versez-le sur les amandes.

Lissez en agitant légèrement la plaquette horizontalement.

Réservez au froid (réfrigérateur) pendant au moins 3 heures.

Ingrédients

- 40 g de chocolat noir
- 50 g de chocolat au lait
- 5 g d'amandes effilées

Cranberry est le nom anglo-saxon de la canneberge, plante vivace produite sur le continent nord-américain.

23 Chocolat noir aux cranberries séchées et amandes effilées

Faites fondre le chocolat noir dans un bain-marie. Remuez sans cesse jusqu'à obtenir une consistance homogène, ou bien tempérez le chocolat en respectant la méthode décrite pages 11 et 12 (le tempérage). Ajoutez les cranberries.

Versez la moitié du mélange chocolaté dans le moule à tablette, et réservez le reste au chaud dans la casserole.

Dispersez en une deuxième couche la moitié des amandes effilées.

Versez le reste du mélange chocolaté par-dessus.

Lissez en agitant légèrement la plaquette horizontalement.

Répartissez par-dessus le reste des amandes.

Réservez au froid (réfrigérateur) pendant au moins 3 heures.

Ingrédients

- 80 g de chocolat noir
- 10 g de cranberries séchées
- 5 g d'amandes effilées

« Parfum de cacao, dansant près du tambour,
répandant son effluve à profusion... »
(Poète aztèque anonyme, *Anthologie nahuatl*)

24 Chocolat noir aux physalis

Retirez la queue des physalis.

Faites fondre le chocolat noir dans un bain-marie. Remuez sans cesse jusqu'à obtenir une consistance homogène, ou bien tempérez le chocolat en respectant la méthode décrite pages 11 et 12 (le tempérage).

Versez le chocolat dans un moule à tablette.

Lissez en agitant légèrement la plaquette horizontalement.

Laissez refroidir environ 15 minutes à température ambiante.

Posez par-dessus les physalis, fruit par fruit, en les répartissant sur la surface.

Réservez au froid (réfrigérateur) pendant au moins 3 heures en laissant le dessus de la plaquette à l'air libre.

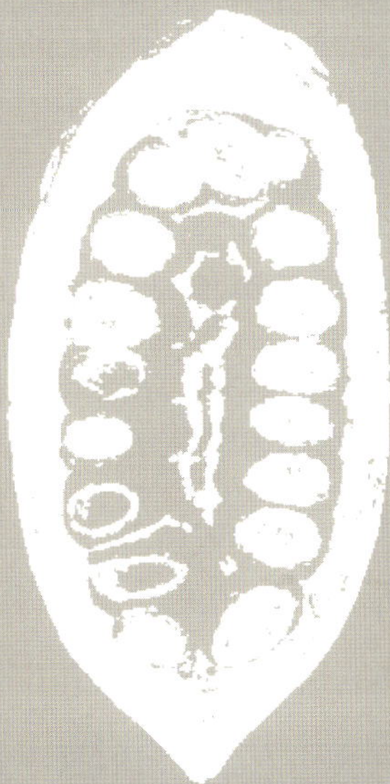

Ingrédients

- 80 g de chocolat noir
- 7 physalis

Sucette au chocolat noir à la fleur de sel

Faites fondre le chocolat noir dans un bain-marie. Remuez sans cesse jusqu'à obtenir une consistance homogène, ou bien tempérez le chocolat en respectant la méthode décrite pages 11 et 12 (le tempérage).

Ajoutez 10 cristaux de fleur de sel dans la casserole, et mélangez.

Versez le chocolat dans un moule à tartelette en silicone.

Lissez en agitant légèrement la plaquette horizontalement.

Répartissez les 5 cristaux de sel restant par-dessus.

Réservez au froid (réfrigérateur) pendant au moins 3 heures.

Ingrédients

- Pour 1 sucette :
- 40 g de chocolat noir
- 15 cristaux de fleur de sel
- 1 bâton de sucette

26 Sucette au basilic frais

Réservez la plus jolie feuille de basilic pour la décoration.

Hachez grossièrement les 6 autres feuilles à l'aide d'un couteau.

Faites fondre le chocolat noir dans un bain-marie. Remuez sans cesse jusqu'à obtenir une consistance homogène, ou bien tempérez le chocolat en respectant la méthode décrite pages 11 et 12 (le tempérage).

Ajoutez le basilic haché et mélangez. Versez le mélange dans un moule à tartelette en silicone. Lissez en agitant légèrement la plaquette horizontalement.

Tant que le chocolat est encore chaud, déposez la feuille de basilic entière sur le dessus. Réservez au froid (réfrigérateur) pendant au moins 3 heures.

Ingrédients

- Pour 1 sucette :
- 40 g de chocolat noir
- 7 belles feuilles de basilic frais (environ 3 g)
- 1 bâton de sucette

27 Sucette au chocolat noir, glaçage au lemon curd

Faites fondre le chocolat noir dans un bain-marie. Remuez sans cesse jusqu'à obtenir une consistance homogène, ou bien tempérez le chocolat en respectant la méthode décrite pages 11 et 12 (le tempérage).

Versez le chocolat dans un moule à tartelette en silicone.

Faites un caramel avec le sucre et l'eau. Ajoutez le lemon curd et laissez chauffer 3 minutes sans cesser de remuer.

Versez le caramel au lemon curd sur le chocolat sans faire de couche uniforme.

Réservez au froid (réfrigérateur) pendant au moins 3 heures.

Ingrédients

- Pour 1 sucette :
- 25 g de chocolat noir
- 1 cs de lemon curd (voir page 20)
- 15 g de sucre
- 15 g d'eau
- 1 bâton de sucette

« L'âcre odeur terreuse des Amériques, le brûlant parfum résineux de la forêt tropicale. » (Joanne Harris, *Chocolat*)

28 Chocolat noir corsé à la cardamome verte

Égrainez les cardamomes : faites une fente sur la longueur de la capsule avec la pointe d'un couteau. Grattez l'intérieur pour en récupérer les graines.

Faites fondre le chocolat noir dans un bain-marie. Remuez sans cesse jusqu'à obtenir une consistance homogène, ou bien tempérez le chocolat en respectant la méthode décrite pages 11 et 12 (le tempérage).

Versez les graines de cardamome dans le chocolat chaud et mélangez.

Versez dans un moule à tablette.

Lissez en agitant légèrement la plaquette horizontalement.

Réservez au froid (réfrigérateur) pendant au moins 3 heures.

*La cardamome verte est un fruit séché qui se présente sous la forme d'une capsule vert gris, à trois loges contenant des graines brun foncé qui seules sont aromatiques.

La cardamome a un parfum très fort mais non piquant.

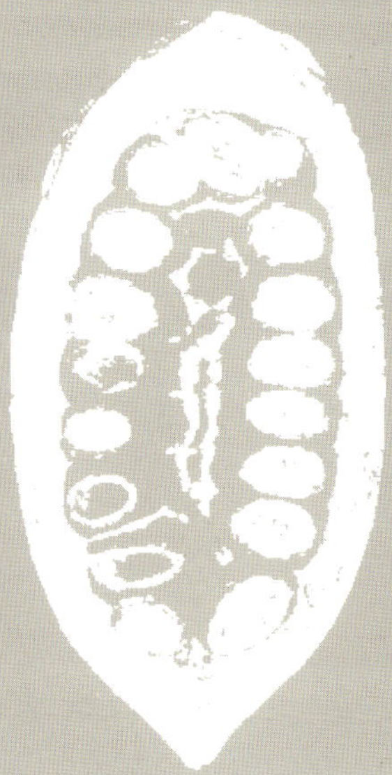

Ingrédients

- 90 g de chocolat noir corsé (au moins 64 % cacao)
- 20 g de capsules de cardamomes vertes*

« La boisson rituelle des Mayas – la fève moulue, des épices et de l'eau –, le *chacau haa*, est un breuvage de guerrier bu collectivement par ceux qui se préparent au combat, avant l'assaut. »
(Michel Onfray, *La Raison gourmande*)

30 Chocolat noir au piment d'Espelette

Faites fondre le chocolat noir dans un bain-marie. Remuez sans cesse jusqu'à obtenir une consistance homogène, ou bien tempérez le chocolat en respectant la méthode décrite pages 11 et 12 (le tempérage).

Ajoutez 2 grammes de piment en poudre et mélangez.

Versez dans un moule à tablette.

Lissez en agitant légèrement la plaquette horizontalement.

Saupoudrez par-dessus le reste du piment.

Réservez au froid (réfrigérateur) pendant au moins 3 heures.

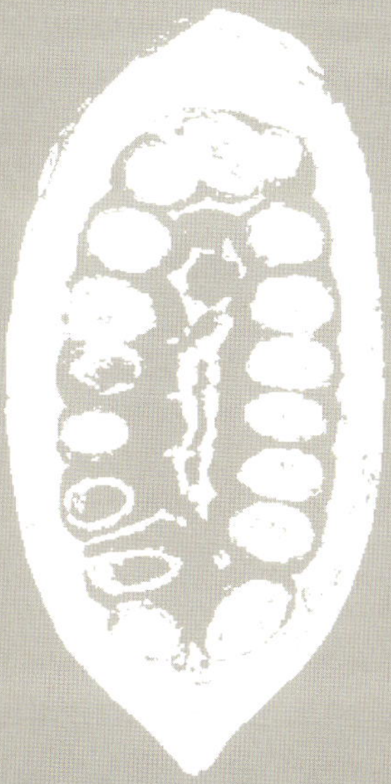

Ingrédients

- 90 g de chocolat noir à 70 %
- 3 g de piment d'Espelette en poudre

32 Chocolat noir aux croquants de sésame au miel

Hachez grossièrement les croquants de sésame à l'aide d'un couteau de manière à garder des morceaux.

Faites fondre le chocolat noir dans un bain-marie. Remuez sans cesse jusqu'à obtenir une consistance homogène, ou bien tempérez le chocolat en respectant la méthode décrite pages 11 et 12 (le tempérage).

Versez les trois quarts des éclats de croquants dans le chocolat, et mélangez.

Versez le chocolat dans un moule à tablette.

Lissez en agitant légèrement la plaquette horizontalement.

Répartissez par-dessus le reste des morceaux de croquant.

Réservez au froid (réfrigérateur) pendant au moins 3 heures en laissant le dessus de la plaquette à l'air libre.

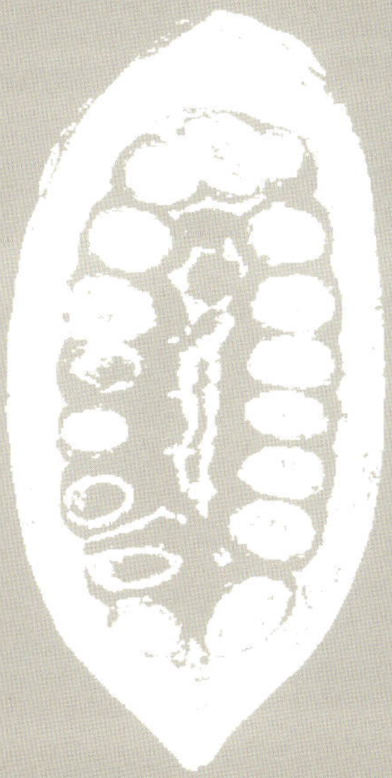

Ingrédients

- 70 g de chocolat noir
- 25 g de croquants de sésame au miel (à acheter en commerce)

« L'air embaumait d'un riche et capiteux parfum de chocolat fondant ! » (Roald Dahl, *Charlie et la chocolaterie*)

34 Chocolat noir au carambar®

Faites fondre le chocolat noir dans un bain-marie. Remuez sans cesse jusqu'à obtenir une consistance homogène, ou bien tempérez le chocolat en respectant la méthode décrite pages 11 et 12 (le tempérage).

Versez-le dans le moule à tablette, et placez-le au réfrigérateur pendant au moins 2 minutes.

Mettez les carambars et le lait dans un bol (ou petit récipient), et placez-le au micro-onde à puissance forte pendant 2 minutes. Mélangez ensuite à l'aide d'une cuillère pour obtenir un caramel mou et homogène (faites chauffer de nouveau si les carambars sont trop durs).

À l'aide d'une cuillère à soupe, versez petit à petit le caramel sur le chocolat, suivant la forme souhaitée.

Réservez au froid (réfrigérateur) pendant au moins 3 heures, en laissant le dessus de la plaquette à l'air libre.

Ingrédients

- 90 g de chocolat noir
- 4 carambars au caramel
- 40 cl de lait demi-écrémé

« Les larmes me montent aux yeux, et je mêle à ma guise la saveur du chocolat, le bonheur passé et mon enfance perdue… »
(Fernando Pessoa, *Le livre de l'intranquillité*)

35 Chocolat au lait aux noisettes entières (ou chocolat noir)

Faites fondre le chocolat au lait dans un bain-marie. Remuez sans cesse jusqu'à obtenir une consistance homogène, ou bien tempérez le chocolat en respectant la méthode décrite pages 11 et 12 (le tempérage).

Mélangez la moitié des noisettes au chocolat.

Versez dans un moule à tablette en dispersant les noisettes.

Tant que le chocolat est encore chaud, répartissez le reste des noisettes par-dessus, en les enfonçant plus ou moins profondément suivant l'aspect que vous voulez donner à la plaquette (noisettes entières plus ou moins apparentes).

Réservez au froid (réfrigérateur) pendant au moins 3 heures.

Ingrédients

- 70 g de chocolat au lait à dessert (ou noir)
- 20 g de noisettes entières

« Les dames espagnoles du nouveau monde aiment le chocolat jusqu'à la fureur, au point que, non contentes d'en prendre plusieurs fois par jour, elles s'en font quelques fois apporter à l'église. » (Anthèlme Brillat-Savarin, *Physiologie du goût*).

36 Chocolat noir corsé aux tamarins

Décortiquez les tamarins :

Cassez les cosses extérieures des tamarins et retirez-en les fruits. Retirez les filaments qui entourent la pulpe. À l'aide d'un couteau, ôtez les graines qui sont à l'intérieur de la pulpe. Coupez les morceaux de fruit obtenus en dés, et conservez-en 50 grammes.

Faites fondre le chocolat noir dans un bain-marie. Remuez sans cesse jusqu'à obtenir une consistance homogène, ou bien tempérez le chocolat en respectant la méthode décrite pages 11 et 12 (le tempérage).

Ajoutez les morceaux de fruit, et mélangez.

Versez dans un moule à tablette en répartissant les morceaux de tamarin.

Lissez en agitant légèrement la plaquette horizontalement.

Réservez au froid (réfrigérateur) pendant au moins 3 heures.

*Le tamarin est un fruit tropical provenant originellement de l'Inde. Il se présente sous forme de gousse de couleur marron, à l'intérieur de laquelle la pulpe entoure plusieurs grosses graines. Souvent réduit en pâte, il peut être utilisé comme une épice légèrement acide, aux notes citronnées.

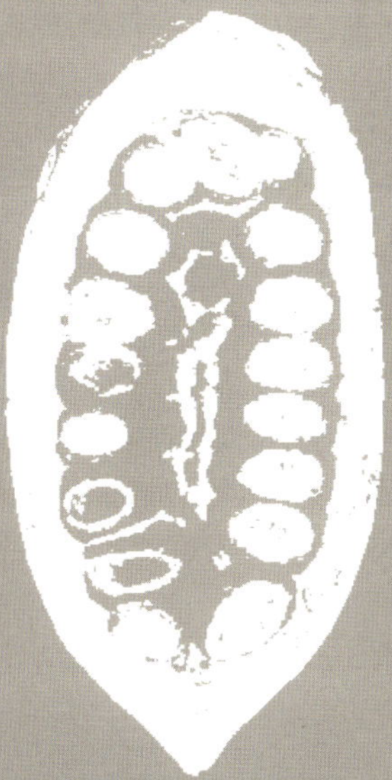

Ingrédients

- 70 g de chocolat noir
- 100 g de tamarins entiers
  (ou 50 g de pulpe de tamarin)*

38 Chocolat noir aux éclats de nougatine

Faites fondre le chocolat noir dans un bain-marie. Remuez sans cesse jusqu'à obtenir une consistance homogène, ou bien tempérez le chocolat en respectant la méthode décrite pages 11 et 12 (le tempérage).

Versez les 3/4 des éclats de nougatine dans le chocolat, et mélangez. Versez le chocolat dans un moule à tablette.

Lissez en agitant légèrement la plaquette horizontalement.

Saupoudrez par-dessus le reste de nougatine.

Réservez au froid (réfrigérateur) pendant au moins 3 heures en laissant le dessus de la plaquette à l'air libre.

Nougatine :

Mixez les amandes et les noisettes à l'aide d'un mixeur pendant 1 minute, de manière à ne pas tout réduire en poudre, et garder quelques morceaux.

Dans une casserole, faites chauffer le sucre et l'eau à feu vif pour faire un caramel en remuant sans cesse. Quand il atteint la consistance et la coloration voulue, versez un peu d'eau froide et remuez. Versez immédiatement le mélange d'amandes et noisettes dans le caramel, et remuez pour obtenir une nougatine homogène.

Coupez deux carrés de papier sulfurisé (d'au moins 20 cm de côté). Posez un carré à plat, et versez la nougatine chaude sans attendre. Posez par-dessus le deuxième carré de papier, et étalez au maximum la nougatine à l'aide d'un rouleau à pâtisserie pour obtenir une plaque de nougatine. Retirez le papier sulfurisé, et laissez-la refroidir quelques minutes.

Une fois que la nougatine est solide, cassez la plaque pour obtenir des éclats. La préparation de la nougatine doit se réaliser assez rapidement, de manière à pouvoir la travailler avant que le caramel ne se solidifie.

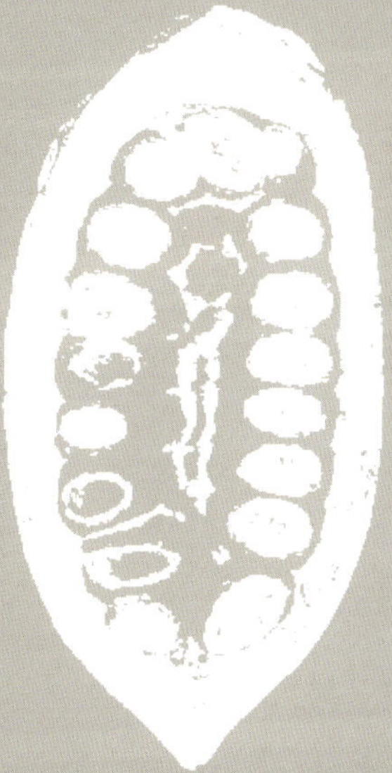

Ingrédients

- 90 g de chocolat noir
- 30 g de nougatine

Pour 30 g de nougatine

- 15 g d'amandes entières
- 15 g de noisettes entières
- 50 g de sucre
- 4 cs d'eau

44 Chocolat noir à la mélisse

Faites bouillir l'eau dans une casserole. Stoppez le feu, et ajoutez 1 cuillère à soupe de feuilles de mélisse. Laissez-les tremper pendant au moins 5 mn. Égouttez-les, et essorez-les en les pressant légèrement dans du papier absorbant.

Faites fondre le chocolat noir dans un bain-marie. Remuez sans cesse jusqu'à obtenir une consistance homogène, ou bien tempérez le chocolat en respectant la méthode décrite pages 11 et 12 (le tempérage).

Stoppez le feu, et ajoutez les feuilles de mélisse réhydratées.

Mélangez énergiquement, et versez immédiatement dans un moule à tablette.

Répartissez par-dessus les quelques feuilles de mélisse encore sèches.

Réservez au froid (réfrigérateur) pendant au moins 3 heures.

Ingrédients

- 90 g de chocolat noir
- 2 cs de feuilles de mélisse séchée
- 25 cl d'eau

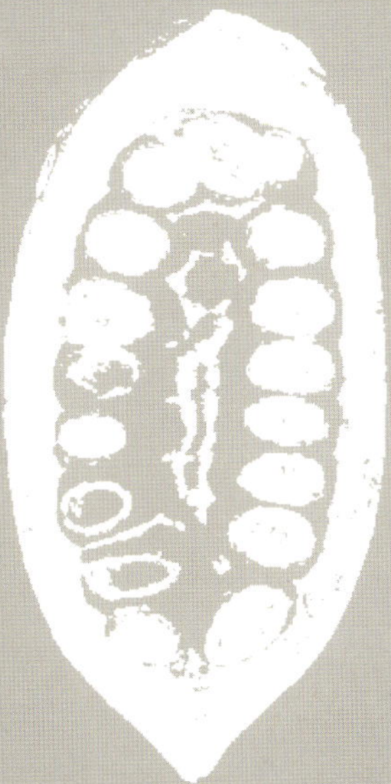

Ingrédients

- 90 g de chocolat noir
- 30 g de nougatine

Pour 30 g de nougatine

- 15 g d'amandes entières
- 15 g de noisettes entières
- 50 g de sucre
- 4 cs d'eau

40 Chocolat noir aux mangues confites et crêpes dentelles

Coupez la mangue en tous petits dés (d'environ 2 mm).

Faites fondre le chocolat noir dans un bain-marie. Remuez sans cesse jusqu'à obtenir une consistance homogène, ou bien tempérez le chocolat en respectant la méthode décrite pages 11 et 12 (le tempérage).

Ajoutez les dés de mangue et mélangez.

Versez une fine couche de chocolat dans un moule à tablette en répartissant les morceaux de mangue, puis étalez quelques morceaux de crêpe dentelle en une deuxième couche fine.

Recommencez l'opération de manière à constituer un « millefeuille » et terminez par une couche de chocolat.

Lissez en agitant légèrement la plaquette horizontalement.

Réservez au froid (réfrigérateur) pendant au moins 3 heures.

Ingrédients

- 70 g de chocolat noir
- 10 g de crêpes dentelle (de type gavotte)
- 7 g de mangue confite

41 Chocolat noir aux feuilles de bricks grillées et sirop d'érable

Faites griller la feuille de brick dans une poêle non graissée (ou au gril du four quelques secondes) jusqu'à ce qu'elle soit dorée et rigide.

Laissez refroidir quelques minutes, et étalez le sirop d'érable sur la feuille de brick à l'aide d'un pinceau (ou avec le bout d'un doigt). Cassez des morceaux de brick d'environ la taille du moule à tablette.

Faites fondre le chocolat noir dans un bain-marie. Remuez sans cesse jusqu'à obtenir une consistance homogène, ou bien tempérez le chocolat en respectant la méthode décrite pages 11 et 12 (le tempérage).

Une fois chaud, versez environ 1/3 du chocolat dans le moule à tablette. Recouvrez de morceaux de feuilles de brick qui se chevauchent de manière à recouvrir entièrement le chocolat. Renouveler l'opération de manière à avoir deux ou trois couches de feuilles de brick, et une couche de chocolat sur le dessus.

Réservez au froid (réfrigérateur) pendant au moins 3 heures.

Ingrédients

- 80 g de chocolat noir
- 1 feuille de brick
- 1 cs de sirop d'érable

« Nous étions bons camarades, à l'ombre caressante des cacaoyers, où le soleil ne pénétrait pas. »
(Jorge Amado, *Cacao*)

42 Chocolat noir au café et gingembre

Épluchez et râpez le plus finement possible le gingembre (à l'aide d'une râpe).

Faites fondre le chocolat noir dans un bain-marie. Remuez sans cesse jusqu'à obtenir une consistance homogène, ou bien tempérez le chocolat en respectant la méthode décrite pages 11 et 12 (le tempérage).

Ajoutez l'extrait de café, et le gingembre.

Mélangez énergiquement, puis versez dans le moule à tablette sans attendre (l'introduction d'un liquide dans le chocolat à tendance à le faire solidifier).

Réservez au froid (réfrigérateur) pendant au moins 3 heures.

Ingrédients

- 90 g de chocolat noir corsé (au moins 70 %)
- 10 gouttes d'extrait de café
- 1 g de gingembre frais

« Il leur fallait Dieu sur le champ, comme il faut un carré de chocolat pour accompagner le café. »
(Pascal Bruckner, *Le Divin Enfant*)

43 Chocolat blanc au café

Faites fondre le chocolat blanc dans un bain-marie. Remuez sans cesse jusqu'à obtenir une consistance homogène, ou bien tempérez le chocolat en respectant la méthode décrite pages 11 et 12 (le tempérage).

Stoppez le feu.

Ajoutez les grains de café au chocolat et mélangez (les grains de café ne se dissolvent pas dans le chocolat et restent entiers).

Versez dans un moule à tablette. Lissez en agitant légèrement la plaquette horizontalement.

Réservez au froid (réfrigérateur) pendant au moins 3 heures.

Ingrédients

- 90 g de chocolat blanc
- 1 cc de café soluble

44 Chocolat noir à la mélisse

Faites bouillir l'eau dans une casserole. Stoppez le feu, et ajoutez 1 cuillère à soupe de feuilles de mélisse. Laissez-les tremper pendant au moins 5 mn. Égouttez-les, et essorez-les en les pressant légèrement dans du papier absorbant.

Faites fondre le chocolat noir dans un bain-marie. Remuez sans cesse jusqu'à obtenir une consistance homogène, ou bien tempérez le chocolat en respectant la méthode décrite pages 11 et 12 (le tempérage).

Stoppez le feu, et ajoutez les feuilles de mélisse réhydratées.

Mélangez énergiquement, et versez immédiatement dans un moule à tablette.

Répartissez par-dessus les quelques feuilles de mélisse encore sèches.

Réservez au froid (réfrigérateur) pendant au moins 3 heures.

Ingrédients

- 90 g de chocolat noir
- 2 cs de feuilles de mélisse séchée
- 25 cl d'eau

45 Chocolat noir aux petits bonbons colorés japonais

Faites fondre le chocolat noir dans un bain-marie. Remuez sans cesse jusqu'à obtenir une consistance homogène, ou bien tempérez le chocolat en respectant la méthode décrite pages 11 et 12 (le tempérage).

Versez dans un moule à tablette.

Lissez en agitant légèrement la plaquette horizontalement.

Répartissez par-dessus les sucres.

Réservez au froid (réfrigérateur) pendant au moins 3 heures.

Ingrédients

- 90 g de chocolat noir
- 7 g de petits bonbons colorés et bonbons étoilés au thé matcha (les sucres japonais peuvent être remplacés par des vermicelles colorés à pâtisserie)

À la Saint-Valentin, les femmes japonaises ont pour coutume d'offrir des chocolats comme cadeau de cœur à leur fiancé et époux, « bouchée de bonheur » à leurs amis, et présent d'un luxe savoureux aux supérieurs de leur entreprise.

46 Chocolat noir corsé au thé matcha*

Faites fondre le chocolat noir dans un bain-marie. Remuez sans cesse jusqu'à obtenir une consistance homogène, ou bien tempérez le chocolat en respectant la méthode décrite pages 11 et 12 (le tempérage).

Arrêtez le feu, et ajoutez la moitié (soit 1 cuillère à soupe) de thé matcha en mélangeant.

Versez dans un moule à tablette.

Lissez en agitant légèrement la plaquette horizontalement.

Laissez refroidir au froid pendant ou moins 10 minutes. Quand la surface de la plaquette devient assez solide, saupoudrez le reste de poudre de thé.

Réservez au froid (réfrigérateur) pendant au moins 3 heures.

Astuce : Pour savoir si la surface du chocolat est assez fraîche pour que la poudre de thé ne fonde pas et garde sa couleur vert clair, faites un test (ou plusieurs si nécessaire) : si la poudre fond et devient vert foncé, remettez la plaquette de chocolat au froid pendant quelques minutes.

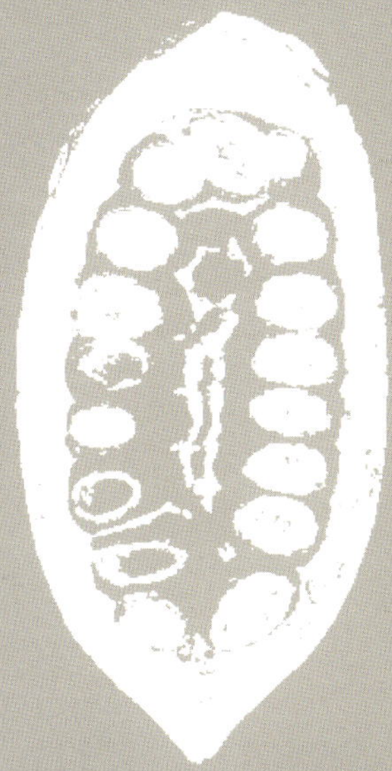

Ingrédients

- 90 g de chocolat noir (corsé si vous souhaitez une tablette amère)
- 2 cs de poudre de thé matcha

*Le matcha est un thé vert en poudre utilisé pour la cérémonie du thé japonaise et comme colorant ou arôme naturel pour les pâtisseries. Contrairement aux autres thés, le matcha n'infuse pas mais doit être battu dans de l'eau chaude avec un fouet en bambou (le *chasen*) pour créer une émulsion.

Le goji est une petite baie rouge du Tibet, appelé « fruit de la longévité » ou « fruit du sourire » dans les pays asiatiques où il est consommé comme un véritable aliment santé. On le trouve en Europe sous forme de jus ou de baies séchées. Ces baies sont reconnues pour être riches en vitamines, en minéraux et en oligoéléments, et fortement antioxydantes.

48 Chocolat noir aux baies de goji

Portez l'eau à ébullition, puis arrêtez le feu.

Divisez les baies de goji en deux parties.

Avec la première partie, coupez chaque baie de goji en deux, et mettez-les dans un ramequin.

Versez l'eau chaude, et laissez mariner les baies au moins 15 minutes de manière à les réhydrater.

Égouttez-les et pressez-les légèrement entre des feuilles de papier absorbant pour en retirer le maximum de liquide.

Faites fondre le chocolat noir dans un bain-marie. Remuez sans cesse jusqu'à obtenir une consistance homogène, ou bien tempérez le chocolat en respectant la méthode décrite pages 11 et 12 (le tempérage).

Ajoutez les baies de goji réhydratées.

Mélangez et versez dans un moule à tablette.

Lissez en agitant légèrement la plaquette horizontalement.

Répartissez par-dessus les baies de goji restées sèches.

Réservez au froid (réfrigérateur) pendant au moins 3 heures.

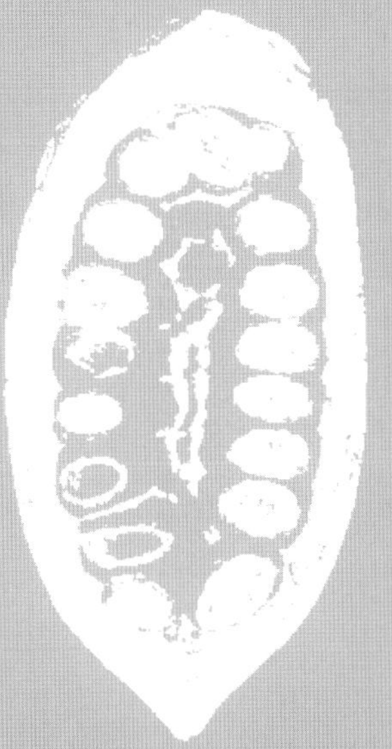

Ingrédients

- 90 g de chocolat noir
- 2 cs de baies goji
- 25 cl d'eau

50 Chocolat noir à la meringue

Faites fondre le chocolat noir dans un bain-marie. Remuez sans cesse jusqu'à obtenir une consistance homogène, ou bien tempérez le chocolat en respectant la méthode décrite pages 11 et 12 (le tempérage).

Versez-en la moitié dans le moule à tablette pour faire une première couche. Découpez une plaque de meringue de la taille du moule à tablette. Posez-la sur la première couche de chocolat.

Versez le reste du chocolat par-dessus, et lissez en agitant légèrement la plaquette horizontalement.

Ajoutez les quelques ronds de meringue sur la tablette.

Réservez au froid (réfrigérateur) pendant au moins 3 heures.

Variante :

Émiettez grossièrement la meringue.

Faites fondre le chocolat noir dans un bain-marie. Remuez sans cesse jusqu'à obtenir une consistance homogène, ou bien tempérez le chocolat en respectant la méthode décrite pages 11 et 12 (le tempérage). Réservez quelques miettes de meringue et mélangez le reste au chocolat. Versez dans un moule à tablette.

Saupoudrez le reste des miettes de meringue sur le chocolat.

Réservez au froid (réfrigérateur) pendant au moins 3 heures.

Meringue :

Montez manuellement les blancs en neige à l'aide d'un fouet (n'utilisez pas de batteur électrique, qui ferait des œufs trop fermes) sans oublier d'y verser une pincée de sel.

Quand les blancs sont montés mais pas trop fermes, ajoutez le sucre. Mélangez à l'aide d'une cuillère à soupe ou d'une spatule en faisant des mouvements amples pour éviter de casser la structure des œufs en neige. Beurrez une plaque de four.

Formez quelques gouttes régulières en laissant tomber ½ cc d'œufs (pour décorer le dessus de la tablette).

Étalez le reste des œufs en formant une plaque d'environ 1 cm d'épaisseur. Lissez le dessus.

Faites cuire au four à basse température (80 °C) pendant environ 45 à 60 minutes. La meringue doit être durcie sur le dessus mais doit rester tendre à l'intérieur.

Laissez refroidir, puis décollez la plaque de meringue et les quelques ronds de meringue obtenus.

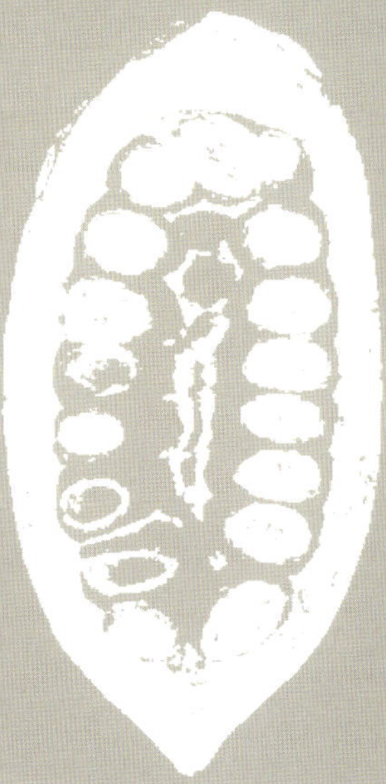

Ingrédients

- 80 g de chocolat noir
- 15 g de meringue

Meringue
- 150 g de sucre
- 3 blancs d'œufs
- 1 pincée de sel
- 10 g de beurre (pour beurrer le plat)

52 Chocolat noir aux sablés viennois

Réservez un sablé, et émiettez grossièrement le reste.

Faites fondre le chocolat noir dans un bain-marie. Remuez sans cesse jusqu'à obtenir une consistance homogène, ou bien tempérez le chocolat en respectant la méthode décrite pages 11 et 12 (le tempérage).

Versez les miettes de sablé dans le chocolat chaud et mélangez.

Versez dans un moule à tablette en répartissant les morceaux.

Lissez en agitant légèrement la plaquette horizontalement.

Posez un sablé viennois par-dessus.

Réservez au froid (réfrigérateur) pendant au moins 3 heures.

Sablés viennois :

Faites fondre le beurre dans une casserole à feu doux.

Versez dans un grand récipient, et battez le à l'aide d'un fouet pendant environ une minute jusqu'à ce qu'il devienne crémeux.

Ajoutez le sucre, le sel, et le blanc d'œuf. Battez 1 minute et ajoutez graduellement la farine en remuant à l'aide d'une spatule ou d'une cuillère jusqu'à ce que la farine soit entièrement incorporée. La pâte obtenue doit être homogène. Garnissez une poche à douille avec un embout en forme d'étoile.

Posez du papier sulfurisé sur une plaque de cuisson. Façonnez des sablés fins et longs en zigzag d'une longueur au moins égale à celle de la tablette (ou d'autres formes souhaitées).

Enfournez dans un four préchauffé à 180 °C (th 6) et laissez cuire pendant 15 à 18 minutes.

Sortez les sablés, et laissez-les refroidir.

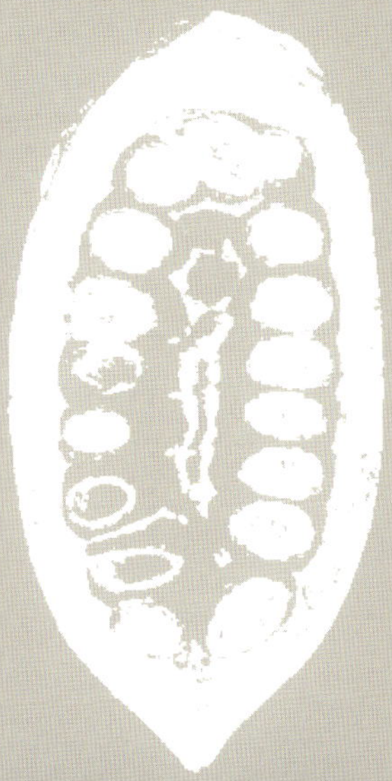

Ingrédients

- 80 g de chocolat noir corsé (au moins 70 % de cacao)
- 15 g de sablés viennois

Sablés viennois :

- 60 g de farine blanche
- 50 g de beurre
- 15 g de sucre
- 1 pincée de sel
- 1 blanc d'œuf

« Le chocolat est bien évidemment la matière dont sont faits les rêves. Des rêves riches, noirs, soyeux et doux qui troublent les sens et éveillent les passions. »
(Judith Olney, *The Joy of Chocolate*)

54 Chocolat noir 100 % aux groseilles

Détachez les grains de groseille de leur tige.

Faites fondre le chocolat noir dans un bain-marie. Remuez sans cesse jusqu'à obtenir une consistance homogène, ou bien tempérez le chocolat en respectant la méthode décrite pages 11 et 12 (le tempérage).

Versez dans un moule à tablette.

Lissez en secouant légèrement la plaquette horizontalement.

Posez un à un les grains de groseille : répartissez-les régulièrement sur le dessus de la tablette, et enfoncez chaque grain à mi-hauteur de manière à ce qu'ils soient visibles.

Réservez au froid (réfrigérateur) pendant au moins 3 heures.

Astuce : Vous pouvez également choisir d'immerger complètement chaque grain de groseille. La sensation de surprise en croquant dans une groseille en sera renforcée.

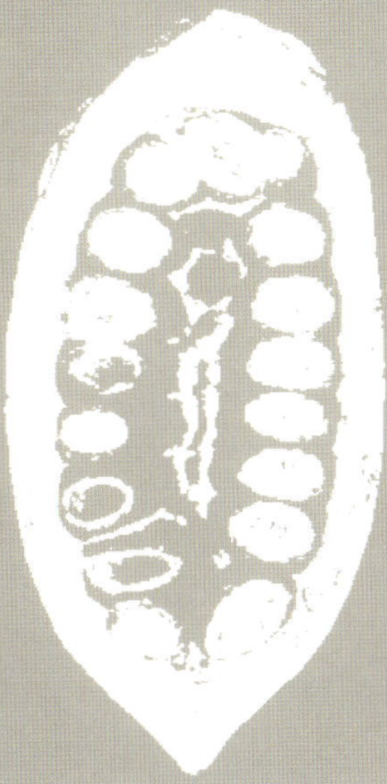

Ingrédients

- 90 g de chocolat noir à 100 % de cacao
- 1 grappe de groseilles fraîches (entre 18 et 20 grains) d'environ 20 g

L'amertume d'un chocolat corsé se marie à merveille avec les notes acides et juteuses des groseilles.
Les chocolats à 100 % sont assez rares mais peuvent se trouver en magasins spécialisés ou épiceries fines.

« Le chocolat embaume, un soleil d'argent joue dans ma tasse… » (Colette, *La Retraite Sentimentale*)

56 Chocolat noir aux flocons d'avoine grillés

Versez les flocons d'avoine et le beurre dans une poêle. Faites griller les flocons à feu doux pendant environ 5 minutes jusqu'à ce qu'ils soient bien dorés. Laissez refroidir à l'air libre pendant au moins 2 heures (de manière à ce que les flocons puissent légèrement sécher).

Faites fondre le chocolat noir dans un bain-marie. Remuez sans cesse jusqu'à obtenir une consistance homogène, ou bien tempérez le chocolat en respectant la méthode décrite pages 11 et 12 (le tempérage).

Versez la moitié des flocons dans le chocolat chaud et mélangez. Versez dans un moule à tablette.

Lissez en agitant légèrement la plaquette horizontalement. Répartissez par-dessus le reste des flocons. Réservez au froid (réfrigérateur) pendant au moins 3 heures.

Ingrédients

- 90 g de chocolat noir (à au moins 60 %)
- 7 g de flocons d'avoine
- 10 g de beurre doux

« Si j'étais directeur d'école, je me débarrasserais du professeur d'histoire et je le remplacerais par un professeur de chocolat ; mes élèves étudieraient au moins un sujet qui les concerne tous. » (Roald Dahl)

57 Chocolat noir aux pralines rouges

Faites fondre le chocolat noir dans un bain-marie. Remuez sans cesse jusqu'à obtenir une consistance homogène, ou bien tempérez le chocolat en respectant la méthode décrite pages 11 et 12 (le tempérage).

Versez dans le moule à tablette.

Lissez en agitant légèrement la plaquette horizontalement.

Répartissez les pralines en les enfonçant légèrement dans le chocolat.

Réservez au froid (réfrigérateur) pendant au moins 3 heures.

Ingrédients

- 80 g de chocolat noir
- 10 à 12 pralines rouges (environ 30 g selon leur taille)

58 Chocolat noir aux bulles de caramel

Dans une casserole, faites chauffer le sucre et l'eau à feu vif pour faire un caramel en remuant sans cesse.

Quand il atteint la consistance et la coloration voulue, sortez la casserole du feu.

Posez une feuille d'aluminium alimentaire à plat, et versez le caramel chaud sans attendre à l'aide d'une petite cuillère en laissant filer le caramel goutte à goutte.

Laissez refroidir.

Pendant ce temps, faites fondre le chocolat noir dans un bain-marie. Remuez sans cesse jusqu'à obtenir une consistance homogène, ou bien tempérez le chocolat en respectant la méthode décrite pages 11 et 12 (le tempérage).

Versez le chocolat dans un moule à tablette.

Lissez en agitant légèrement la plaquette horizontalement.

Laissez refroidir à température ambiante pendant une dizaine de minutes.

Posez délicatement les bulles de caramel sur le chocolat.

Réservez au froid (réfrigérateur) pendant au moins 3 heures en laissant le dessus de la plaquette à l'air libre.

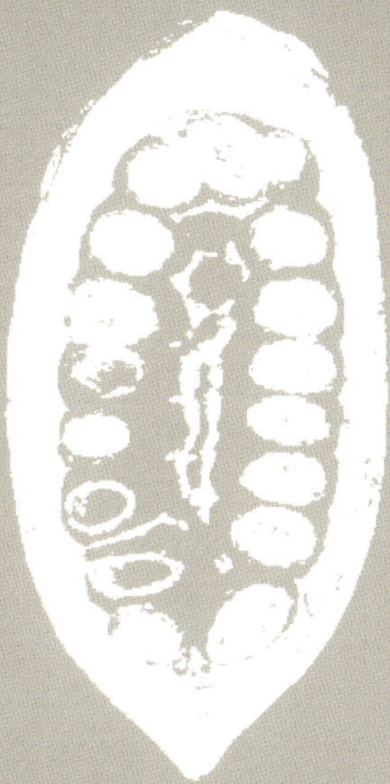

Ingrédients

- 90 g de chocolat noir
- 100 g de sucre
- 4 cl d'eau

« Le premier fragment de chocolat avait fondu sur la langue de Winston. Il avait un goût délicieux. »
(Georges Orwell, *1984*)

60 Chocolat noir et blanc

Faites fondre le chocolat noir dans un bain-marie. Remuez sans cesse jusqu'à obtenir une consistance homogène, ou bien tempérez le chocolat en respectant la méthode décrite pages 11 et 12 (le tempérage).

Versez dans un moule. Lissez en secouant légèrement la plaquette horizontalement.

Faites fondre le chocolat blanc dans un bain-marie selon la même méthode.

À l'aide d'une cuillère à soupe, mettez le chocolat blanc dans une poche à douille avec un embout en forme de large fente.

Versez le chocolat blanc en faisant des mouvements en formes de point d'interrogation arrondis (ou toute autre forme voulue).

Réservez au froid (réfrigérateur) pendant au moins 3 heures.

Ingrédients

- 60 g de chocolat noir (dessert à 70 %)
- 30 g de chocolat blanc

« Je transportais des recettes dans ma tête comme des cartes de géographies. » (Joanne Harris, *Chocolat*)

61 Chocolat noir à la noix de coco fraîche

Faites des dés (environ 2 à 3 mm) de noix de coco en enlevant la petite peau fine et marron.

Faites fondre le chocolat noir dans un bain-marie. Remuez sans cesse jusqu'à obtenir une consistance homogène, ou bien tempérez le chocolat en respectant la méthode décrite pages 11 et 12 (le tempérage).

Versez la moitié des dés de noix de coco dans le chocolat et mélangez. Versez dans un moule à tablette.

Lissez en secouant légèrement la plaquette horizontalement.

Posez un à un les dés de noix de coco restants en les répartissant sur le dessus de la tablette.

Réservez au froid (réfrigérateur) pendant au moins 3 heures.

Ingrédients

- 80 g de chocolat noir
- 20 g de noix de coco fraîche

« Les longs cheveux de ma mère
et les joues de mon papa,
les matins dans la lumière,
la rose et le chocolat. »
(Pierre Gamarra, *Mon cartable*)

62 Chocolat noir aux pétales de roses

Faites bouillir l'eau. À ébullition, sortez la casserole du feu.

Versez immédiatement 2 cuillères à soupe de pétales de rose dans l'eau et laissez macérer pendant au moins 1 heure.

Égouttez, et pressez les pétales entre des feuilles de papier absorbant pour en éliminer le maximum de liquide.

Faites fondre le chocolat noir dans un bain-marie. Remuez sans cesse jusqu'à obtenir une consistance homogène, ou bien tempérez le chocolat en respectant la méthode décrite pages 11 et 12 (le tempérage).

Arrêtez le feu, versez les pétales et l'eau de rose dans le chocolat et mélangez énergiquement.

Versez immédiatement dans un moule à tablette.

Lissez en agitant légèrement la plaquette horizontalement (et, si besoin, à l'aide de la lame d'un long couteau).

Répartissez le reste des pétales de rose séchés.

Réservez au froid (réfrigérateur) pendant au moins 3 heures.

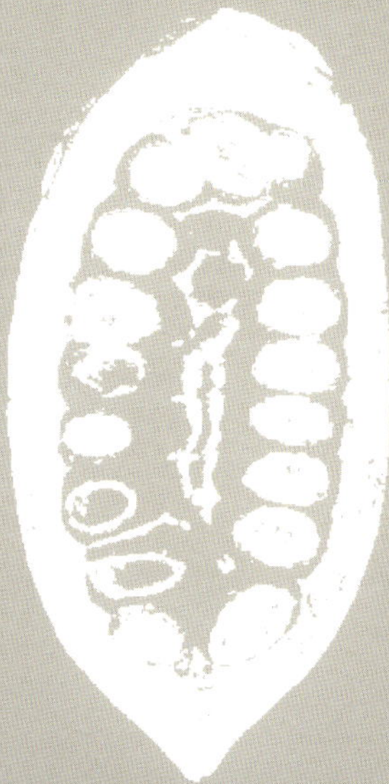

Ingrédients

- 90 g de chocolat noir
- 3 cs de pétales de rose séchées :
  2 cs pour mélanger au chocolat, et
  1 cs pour saupoudrer
- 1 cc d'eau de rose
- 20 cl d'eau

64 Chocolat noir aux poires séchées et réglisse

Réservez une tranche entière de poire et coupez 20 g de poires séchées en petits dés d'environ 4 à 5 mm de côté.

Râpez finement le bâton de réglisse à l'aide d'une râpe pour obtenir une cuillère à café de poudre.

Faites fondre le chocolat noir dans un bain-marie. Remuez sans cesse jusqu'à obtenir une consistance homogène, ou bien tempérez le chocolat en respectant la méthode décrite pages 11 et 12 (le tempérage).

Arrêtez le feu. Ajoutez une demi-cuillère à café de la réglisse précédemment râpée et les dés de poires. Mélangez et versez dans un moule à tablette.

Lissez en agitant légèrement la plaquette horizontalement.

Posez sur le dessus de la plaquette la tranche de poire séchée et saupoudrez la demi-cuillère à café de réglisse restante.

Réservez au froid (réfrigérateur) pendant au moins 3 heures.

Poires séchées :

Une poire suffit pour la recette, de préférence non traitée car on en conserve la peau. Lavez-la et essuyez-la.

Coupez-la verticalement en tranches de 2 à 3 mm.

Posez ces tranches de poire à plat sur la plaque du four recouverte de papier sulfurisé.

Enfournez, et laissez sécher à 80 °C pendant au moins une heure. Le temps de cuisson dépend de la variété de poire choisie et de sa maturité. Plus la poire sera mûre, plus elle produira de jus et mettra du temps à sécher.

Les tranches de poire doivent être légèrement dorées et avoir une consistance sèche et assez dure. Laissez refroidir.

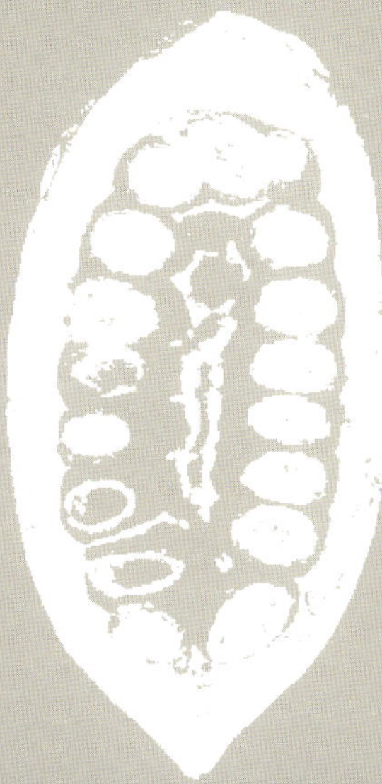

Ingrédients

- 70 g de chocolat noir
- 20 g de poire séchée + 1 tranche entière de poire séchée
- 1 petit bâton de réglisse (pour obtenir ½ cs de réglisse râpée)

66 Chocolat noir aux kiwis séchés et romarin

Choisissez la plus grande tranche de kiwi. À l'aide d'un couteau bien aiguisé, coupez-en le contour extérieur en faisant tourner la tranche sur elle-même, de manière à obtenir une longue lamelle arrondie (le geste est identique à celui fait pour peler un fruit).

Coupez en dés d'environ 3 à 4 mm de côté le reste des kiwis.

Hachez très finement 3 brins de romarin, et mélangez-les aux dés de kiwi.

Faites fondre le chocolat noir dans un bain-marie. Remuez sans cesse jusqu'à obtenir une consistance homogène, ou bien tempérez le chocolat en respectant la méthode décrite pages 11 et 12 (le tempérage).

Ajoutez les dés de kiwi au romarin et remuez.

Versez le chocolat dans un moule à tablette en répartissant les dés de kiwi.

Lissez en agitant légèrement la plaquette horizontalement.

Laissez refroidir environ 10 minutes à température ambiante.

Posez par-dessus la « rosace » de kiwi, puis les 2 brins de romarin restants.

Réservez au froid (réfrigérateur) pendant au moins 3 heures en laissant le dessus de la plaquette à l'air libre.

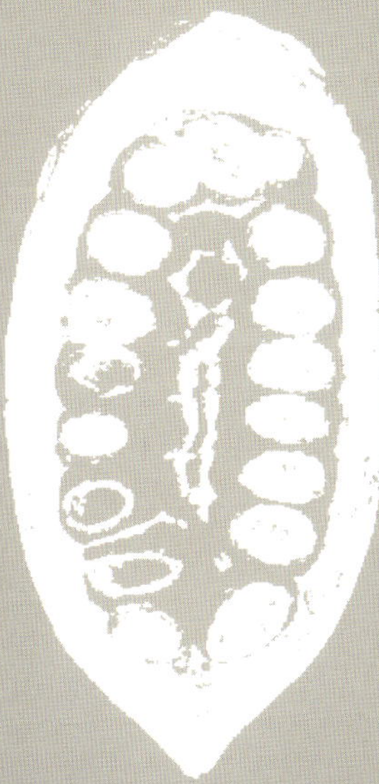

Ingrédients

- 80 g de chocolat noir
- 3 grandes tranches de kiwi séché (environ 20 g)
- 5 brins de romarin frais

« Dans mes rêves, je me goinfre de chocolats, et leur texture n'est pas friable mais douce comme la chair, comme des milliers de bouches sur mon corps, qui me dévorent goulûment de leurs délicats baisers. » (Joanne Harris, *Chocolat*)

68 Chocolat noir aux bananes séchées

Coupez les bananes en tranches d'environ 3 mm d'épaisseur (légèrement en diagonale, de manière à obtenir des lamelles assez grandes).

Faites fondre le chocolat noir dans un bain-marie. Remuez sans cesse jusqu'à obtenir une consistance homogène, ou bien tempérez le chocolat en respectant la méthode décrite pages 11 et 12 (le tempérage).

Réservez 5 à 6 tranches de banane, puis versez le reste dans le chocolat, et mélangez.

Versez le chocolat dans un moule à tablette.

Lissez en agitant légèrement la plaquette horizontalement.

Répartissez par-dessus le reste des lamelles de banane en formant un demi-cercle.

Réservez au froid (réfrigérateur) pendant au moins 3 heures en laissant le dessus de la plaquette à l'air libre.

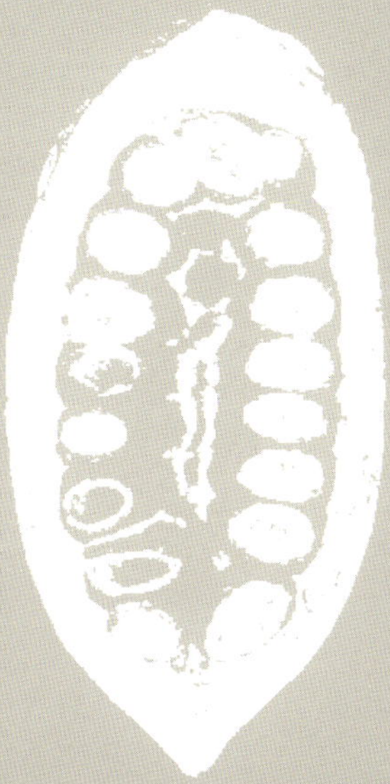

Ingrédients

- 80 g de chocolat noir
- 20 g de bananes entières séchées

70 Chocolat au thé fumé sencha

Faites bouillir l'eau. Versez le thé dans l'eau, mélangez et laissez macérer pendant au moins 2 heures.

Égouttez, et pressez le thé entre des feuilles de papier absorbant pour en retirer le maximum de liquide.

Hachez grossièrement 4 g de feuilles de thé pour mélanger au chocolat.

Faites fondre le chocolat noir dans un bain-marie. Remuez sans cesse jusqu'à obtenir une consistance homogène, ou bien tempérez le chocolat en respectant la méthode décrite pages 11 et 12 (le tempérage).

Versez les 4 g de feuilles de thé dans le chocolat chaud et mélangez.

Versez dans un moule à tablette.

Lissez en agitant légèrement la plaquette horizontalement.

Réservez au froid (réfrigérateur) pendant au moins 3 heures.

Suggestion de présentation :

Versez le chocolat dans des moules à financiers en silicone, dans lesquels vous plantez de petite brochette en bois.

Ingrédients

- 80 g de chocolat noir
- 4 cs de thé sencha (thé séché) *
- 25 cl d'eau

***Le thé Sencha** est un thé vert qui constitue les trois quarts de la production japonaise. C'est un thé grillé qui dégage une forte odeur de fumé et qui a une saveur végétale caractéristique.

71 Chocolat noir aux figues et thé bergamote

Faites bouillir l'eau, puis laissez infuser le thé pendant au moins 5 minutes de manière à obtenir un thé fortement infusé.

Grattez l'intérieur des figues à l'aide d'un couteau à bout rond pour en récupérer la chaire (ne gardez pas les peaux).

Plongez la chaire des figues dans le thé, mélangez, et laissez macérer pendant au moins 1 heure.

Égouttez ensuite la chaire des figues, et retirez-en les restants de peaux et les parties les plus dures. Pressez légèrement à l'aide du dos d'une cuillère à soupe de manière à obtenir une pâte assez liquide. Conservez ensuite 30 g de pâte de figues.

Faites fondre le chocolat noir dans un bain-marie. Remuez sans cesse jusqu'à obtenir une consistance homogène, ou bien tempérez le chocolat en respectant la méthode décrite pages 11 et 12 (le tempérage).

Versez la moitié du chocolat dans le moule à tablette. Répartissez-le puis agitez légèrement la plaquette horizontalement pour faire une première couche. Laissez refroidir au congélateur pendant 4 minutes.

Étalez la pâte de figue en une deuxième couche à l'aide d'une cuillère à café.

Versez par-dessus le reste du chocolat.

Lissez en agitant légèrement la plaquette horizontalement.

Réservez au froid (réfrigérateur) pendant au moins 3 heures.

Ingrédients

- 70 g de chocolat noir
- 50 g de figues sèches
- 1 sachet de thé à la bergamote
- 40 cl d'eau

Sur la côte Amalfienne, Ravello est un village très réputé pour sa production de Limoncello. Les champs de citronniers s'étalent en étages sur les collines surplombant la mer. Les filets, servant à retenir la grêle, abritent des citrons bien particuliers nommés *sfusato* (« pelotes de laine »), ces gros citrons sont allongés et cueillis très verts. Leur chaire, très acide, n'est pas utilisée, mais leur peau très épaisse est transformée en un excellent limoncello. Le goût étonnement doux de la peau permet également de la manger crue !

72 Chocolat noir au limoncello

Faites fondre le chocolat noir dans un bain-marie. Remuez sans cesse jusqu'à obtenir une consistance homogène, ou bien tempérez le chocolat en respectant la méthode décrite pages 11 et 12 (le tempérage).

Stoppez le feu, et ajoutez le limoncello d'une traite.

Mélangez énergiquement pour éviter que le chocolat ne se fige.

Versez dans un moule à muffin en silicone.

Lissez en agitant légèrement le moule horizontalement.

Réservez au froid (réfrigérateur) pendant au moins 3 heures.

Décorez d'une « bague » de citron confit :

Détachez la queue d'un citron vert.

Formez un cercle et faites se chevaucher les deux extrémités d'une lamelle de citron confit.

Plantez dans les extrémités qui se chevauchent la queue du citron vert pour maintenir le cercle.

Posez cette « bague » sur le chocolat au moment de le déguster.

Limoncello :

Pelez les citrons pour n'en garder que les écorces.

Dans un grand récipient, faites macérer les écorces dans l'alcool pendant 4 jours. Fermez hermétiquement le récipient, et remuez le liquide quotidiennement. Après ces 4 jours, filtrez le liquide à l'aide d'un chinois pour en retirer les écorces et les résidus.

Faites un sirop avec l'eau et le sucre en faisant chauffer le mélange à feu doux, puis laissez refroidir. Lorsque le sirop est froid, mélangez-le à l'alcool filtré. Réservez au frais.

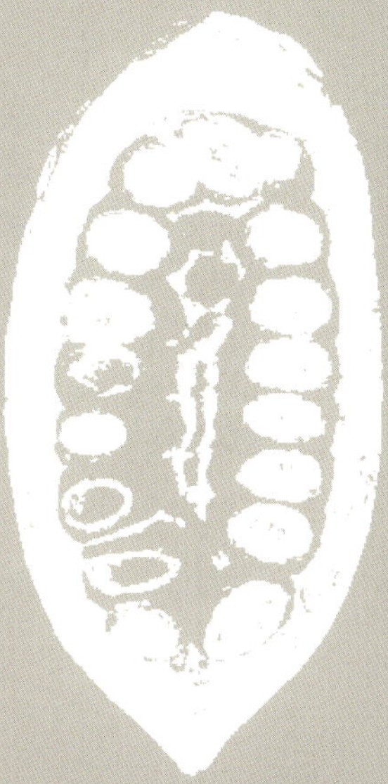

Ingrédients

- 90 g de chocolat noir
- 30 ml de limoncello

Décoration
- 1 lamelle de citron confit
- 1 queue de citron vert (petite partie en forme d'étoile collée à la peau du citron)

Limoncello :
- 4 citrons jaunes non traités
- ½ l d'alcool pour fruits à 95 %
- 500 g de sucre
- ½ l d'eau

74 Chocolat noir au whisky

Faites fondre le chocolat noir dans un bain-marie. Remuez sans cesse jusqu'à obtenir une consistance homogène, ou bien tempérez le chocolat en respectant la méthode décrite pages 11 et 12 (le tempérage).

Retirez la casserole du feu, et ajoutez le whisky d'une traite.

Remuez énergiquement, pour éviter que le chocolat ne se fige sous l'effet de l'alcool.

Versez dans un moule à tablette.

Lissez en agitant légèrement la plaquette horizontalement.

Réservez au froid (réfrigérateur) pendant au moins 3 heures.

NOTA : Avec ce dosage, vous obtiendrez un chocolat légèrement corsé en alcool. Vous pouvez diminuer la dose de whisky pour obtenir un chocolat plus léger.

Ingrédients

- 90 g de chocolat noir
- 12 ml de whisky

75 Chocolat noir aux raisins et au vin rouge

Coupez les raisins en deux. Mettez-les dans un petit récipient et versez le vin rouge de manière à recouvrir les raisins. Laissez-les macérer 15 minutes.

Égouttez les raisins, et essorez-les légèrement à l'aide d'une cuillère à soupe en les pressant pour en retirer le surplus de vin.

Faites fondre le chocolat noir dans un bain-marie. Remuez sans cesse jusqu'à obtenir une consistance homogène, ou bien tempérez le chocolat en respectant la méthode décrite pages 11 et 12 (le tempérage).

Stoppez le feu, et mélangez les raisins au chocolat fondu assez rapidement. Versez immédiatement dans le moule à tablette en répartissant les raisins.

Lissez la surface à l'aide de la lame d'un long couteau et en agitant légèrement la plaquette horizontalement.

Réservez au froid (réfrigérateur) pendant au moins 3 heures.

Ingrédients

- 80 g de chocolat noir
- 10 g de gros raisins secs
- 20 cl de vin rouge (de type bordeaux)

76 Chocolat noir corsé, citrons confits au gingembre*

Coupez quelques lamelles de citron confit au gingembre de longueur identique pour la décoration.

Émincez le reste du citron confit en dés d'environ 3 mm.

Faites fondre le chocolat noir dans un bain-marie. Remuez sans cesse jusqu'à obtenir une consistance homogène, ou bien tempérez le chocolat en respectant la méthode décrite pages 11 et 12 (le tempérage).

Versez les dés de citron dans le chocolat chaud et mélangez.

Versez dans un moule à tablette.

Lissez en agitant légèrement la plaquette horizontalement.

Déposez une à une les lamelles de citron, régulièrement et en diagonale.

Réservez au froid (réfrigérateur) pendant au moins 3 heures.

Citrons confits au gingembre :

À l'aide d'un couteau, pelez les citrons de manière à en récupérer les écorces. Épluchez et râpez grossièrement le gingembre.

Dans une casserole, mélangez le sucre, l'eau, les écorces de citron et le gingembre. Faites chauffer à feu doux. Faites confire pendant au moins une heure en remuant toutes les 10 minutes, et ajoutez de l'eau si le sirop devient trop solide.

Retirez les écorces de citron du sirop, et posez-les sur une grille de manière à faire égoutter le surplus de sirop.

(Vous pouvez garder le sirop, qui peut-être réutilisé dans la recette page suivante).

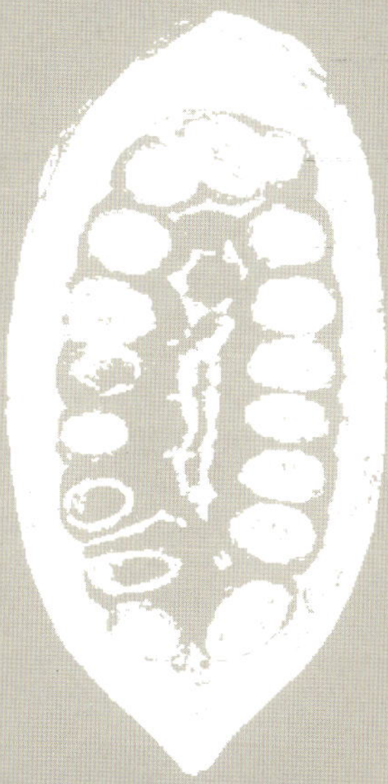

Ingrédients

- 90 g de chocolat noir corsé (au moins 70 % de cacao)
- 20 g de citron confit*

Citrons confits au gingembre :

- 2 citrons
- 15 g de gingembre frais
- 70 g de sucre
- 70 cl d'eau

« J'aime le chocolat. À la folie. Je suis incurable. Chocolatomane, ça s'appelle. » (Irène Frain)

78 Chocolat noir aux pétales de maïs caramélisés citron et gingembre

Mélangez les pétales de maïs et le sirop de manière à ce que les pétales soient recouverts de sirop.

Faites fondre le chocolat noir dans un bain-marie. Remuez sans cesse jusqu'à obtenir une consistance homogène, ou bien tempérez le chocolat en respectant la méthode décrite pages 11 et 12 (le tempérage).

Stoppez le feu, versez les trois quarts de pétales de maïs et mélangez.

Versez dans un moule à tablette en répartissant les pétales.

Lissez en agitant légèrement la plaquette horizontalement.

Répartissez les pétales restant par-dessus.

Réservez au froid (réfrigérateur) pendant au moins 3 heures.

Sirop au citron et gingembre :

À l'aide d'un couteau, pelez les citrons de manière à en récupérer les écorces.

Épluchez et râpez grossièrement le gingembre.

Dans une casserole, mélangez le sucre, l'eau, les écorces de citron et le gingembre. Faites chauffer à feu doux.

Faites confire pendant au moins une heure en remuant toutes les 10 minutes, et ajoutez de l'eau si le sirop devient trop solide.

Retirez les écorces de citron (qui peuvent être réutilisées dans une autre recette, chocolat noir au citron confit au gingembre), et conservez le sirop.

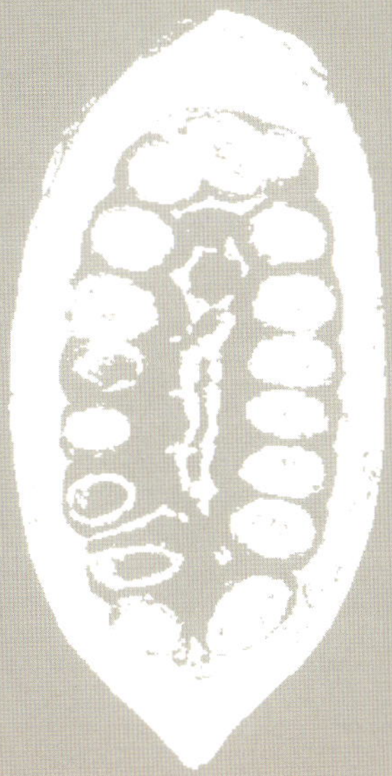

Ingrédients

- 80 g de chocolat noir
- 3 cs de pétales de maïs non sucrés (type corn-flakes)
- 4 cs de sirop au citron et gingembre

Sirop au citron et gingembre :

- 2 citrons
- 15 g de gingembre frais
- 70 g de sucre
- 70 cl d'eau

« Et jusqu'à l'époque des Lumières, le chocolat qu'on dit baroque est d'abord, et avant tout, un support à épices qui échauffent le sang... »
(Michel Onfray, *La Raison gourmande*)

80 Chocolat noir au poivre citronné

Faites fondre le chocolat noir dans un bain-marie. Remuez sans cesse jusqu'à obtenir une consistance homogène, ou bien tempérez le chocolat en respectant la méthode décrite pages 11 et 12 (le tempérage).

Versez dans un moule à tablette.

Lissez en agitant légèrement la plaquette horizontalement.

Laissez refroidir au froid pendant ou moins 10 minutes.

Quand la surface de la plaquette devient assez solide, saupoudrez le poivre.

Réservez au froid (réfrigérateur) pendant au moins 3 heures.

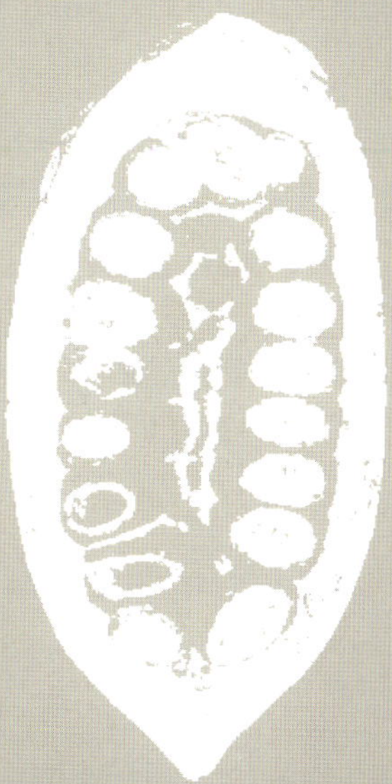

Ingrédients

- 90 g de chocolat noir
- 1 pincée de poivre citronné
- (mélange à acheter en commerce)

« Le grand jour arrivé, Charlie se voyait offrir un petit bâton de chocolat, pour lui tout seul. »
(Roald Dahl, *Charlie et la chocolaterie*)

82 Chocolat noir aux noix de macadamia et framboises séchées

Faites fondre le chocolat noir dans un bain-marie. Remuez sans cesse jusqu'à obtenir une consistance homogène, ou bien tempérez le chocolat en respectant la méthode décrite pages 11 et 12 (le tempérage).

Versez les noix et les framboises, et mélangez.

Versez dans un moule à tablette en répartissant les morceaux de noix et les framboises.

Lissez en agitant légèrement la plaquette horizontalement.

Réservez au froid (réfrigérateur) pendant au moins 3 heures.

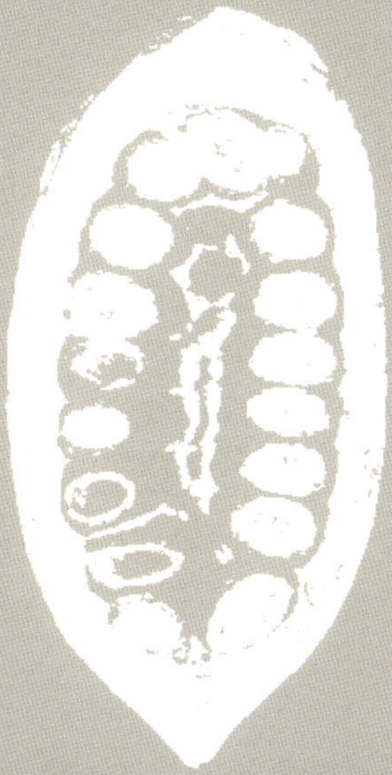

Ingrédients

- 70 g de chocolat noir
- 10 g de noix de macadamia
- 10 g de framboises séchées

« Je rêve de meubles en chocolat que, entre les truffes de Noël et les œufs de Pâques, on pourrait grignoter devant la télévision. »
(Philippe Bouvard, *Mille et une pensées*)

84 Chocolat noir aux cerises confites

Faites fondre le chocolat noir dans un bain-marie. Remuez sans cesse jusqu'à obtenir une consistance homogène, ou bien tempérez le chocolat en respectant la méthode décrite pages 11 et 12 (le tempérage).

Versez dans le moule à tablette.

Lissez en agitant légèrement la plaquette horizontalcment.

Répartissez les cerises suivant leur couleur en les enfonçant légèrement dans le chocolat.

Réservez au froid (réfrigérateur) pendant au moins 3 heures.

Ingrédients

- 80 g de chocolat noir
- 6 à 12 cerises confites de couleur différentes (environ 35 g selon leur taille)

« J'observe mon régime de chocolat,
auquel seul je crois devoir tenir ma santé. »
(Marie de Villars, *Lettres à Madame de Coulanges*)

85 Chocolat noir aux graines de pavot

Faites fondre le chocolat noir dans un bain-marie. Remuez sans cesse jusqu'à obtenir une consistance homogène, ou bien tempérez le chocolat en respectant la méthode décrite pages 11 et 12 (le tempérage).

Versez environ la moitié des graines de pavot dans le chocolat, et mélangez.

Versez le chocolat dans un moule à tablette.

Lissez en agitant légèrement la plaquette horizontalement.

Saupoudrez par-dessus le reste des graines de pavot de manière à recouvrir entièrement la surface.

Réservez au froid (réfrigérateur) pendant au moins 3 heures en laissant le dessus de la plaquette à l'air libre.

Ingrédients

- 90 g de chocolat noir
- 10 g de graines de pavot

« Prenez du chocolat afin que les plus méchantes compagnies vous paraissent bonnes. »
(Madame de Sévigné, *Correspondance*)

86 Chocolat noir au nougat tendre

Coupez dans le nougat des morceaux de la taille exacte d'un carré du moule à plaquette d'une épaisseur d'environ la moitié de la hauteur du moule à tablette.

Pour faire une décoration en damier, il vous faut un nombre de morceaux de nougat égal à la moitié du nombre de carreaux de votre moule.

Disposez ces morceaux en damiers (en alternant un carré vide, et un carré de nougat) dans le moule.

Coupez le reste du nougat en dés.

Faites fondre le chocolat noir dans un bain-marie. Remuez sans cesse jusqu'à obtenir une consistance homogène, ou bien tempérez le chocolat en respectant la méthode décrite pages 11 et 12 (le tempérage).

Versez les dés de nougat dans le chocolat, et mélangez.

Versez le chocolat dans le moule.

Lissez en agitant légèrement la plaquette horizontalement.

Réservez au froid (réfrigérateur) pendant au moins 3 heures en laissant le dessus de la plaquette à l'air libre.

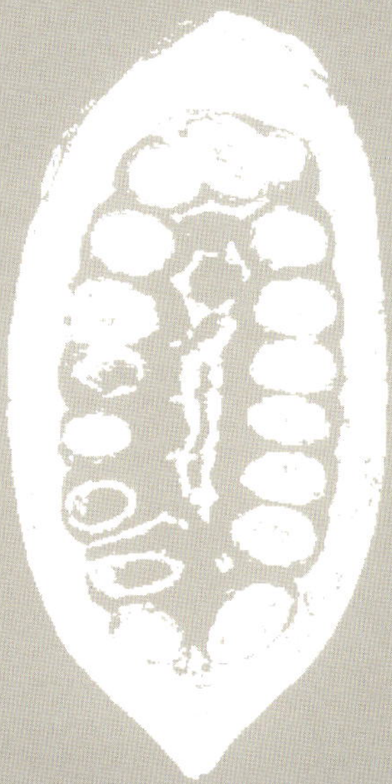

Ingrédients

- 80 g de chocolat noir
- 15 g de nougat tendre

88 Chocolat noir à la pâte d'amandes

Faites fondre le chocolat noir dans un bain-marie. Remuez sans cesse jusqu'à obtenir une consistance homogène, ou bien tempérez le chocolat en respectant la méthode décrite pages 11 et 12 (le tempérage).

Versez-en la moitié dans le moule à tablette pour faire une première couche.

Découpez une ou plusieurs plaques de pâte d'amandes qui, assemblées, sont exactement de la taille du moule à tablette sur une épaisseur d'environ 4 mm. Posez la pâte d'amande en une deuxième couche.

Versez le reste du chocolat par-dessus, et lissez en agitant légèrement la plaquette horizontalement.

Réservez au froid (réfrigérateur) pendant au moins 3 heures.

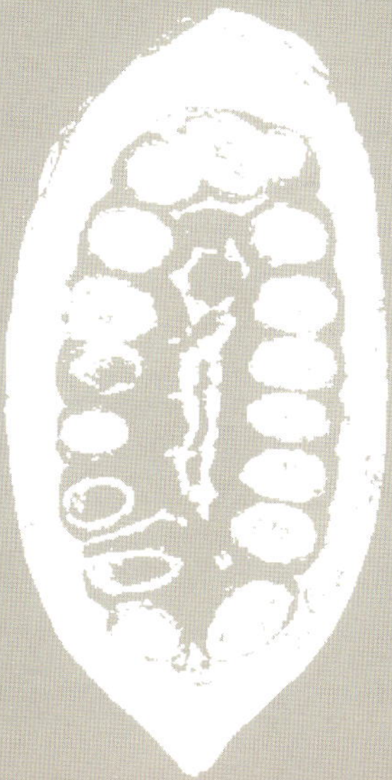

Ingrédients

- 60 g de chocolat noir
- 30 g de pâte d'amandes (colorée ou non)

« De toutes les passions, la seule vraiment respectable me paraît être la gourmandise. »
(Guy de Maupassant, *Amoureux et primeurs*)

90 Chocolat noir à l'anis

Faites fondre le chocolat noir dans un bain-marie. Remuez sans cesse jusqu'à obtenir une consistance homogène, ou bien tempérez le chocolat en respectant la méthode décrite pages 11 et 12 (le tempérage).

Versez environ les ¾ de l'anis dans le chocolat, et mélangez.

Versez le chocolat dans un moule à tablette.

Lissez en agitant légèrement la plaquette horizontalement.

Répartissez par-dessus le reste de l'anis en le saupoudrant.

Réservez au froid (réfrigérateur) pendant au moins 3 heures en laissant le dessus de la plaquette à l'air libre.

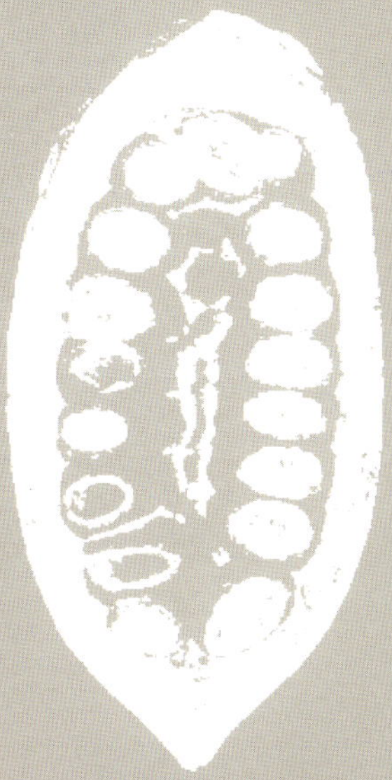

Ingrédients

- 90 g de chocolat noir
- 2 cs d'anis vert séché

*Choisissez une vanille de qualité (de Madagascar par exemple). Les gousses de bonne qualité sont reconnaissables à leur souplesse, à l'aspect granuleux quand on presse légèrement la gousse, et bien sûr à leur parfum.

92 Chocolat noir à la vanille de Madagascar

Fendez la gousse de vanille sur toute sa longueur à l'aide de la pointe d'un couteau. Grattez-en l'intérieur avec la lame du couteau pour en récupérer les graines.

Faites fondre le chocolat noir dans un bain-marie avec la gousse de vanille. Remuez sans cesse jusqu'à obtenir une consistance homogène, ou bien tempérez le chocolat en respectant la méthode décrite pages 11 et 12 (le tempérage).

Lorsque le chocolat est à bonne température, retirez la gousse, ajoutez les graines de vanille, et remuez.

Versez le chocolat dans un moule à tablette.

Lissez en agitant légèrement la plaquette horizontalement.

Réservez au froid (réfrigérateur) pendant au moins 3 heures en laissant le dessus de la plaquette à l'air libre.

Variante de présentation :

Versez le chocolat dans un moule à glaçons en forme de bâtonnet.

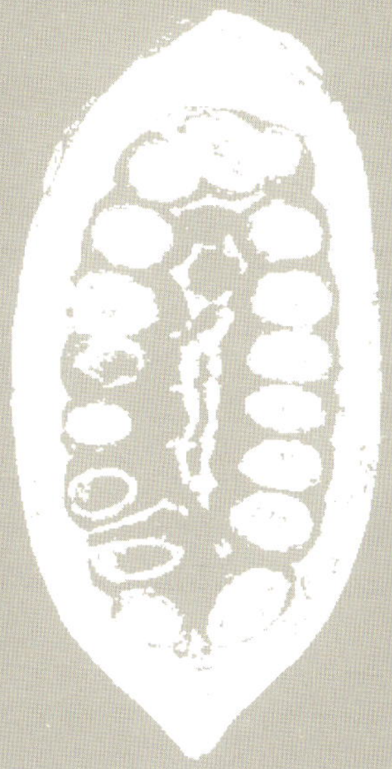

Ingrédients

- 90 g de chocolat noir
- 1 gousse de vanille de Madagascar*

« Puis elle remontait, lourde de chocolat crémeux, avec halte, la méditation qu'impose un ventre trop chargé. »
(Colette, *La maison de Claudine*)

94 Chocolat noir à la cannelle

Faites fondre le chocolat noir dans un bain-marie. Remuez sans cesse jusqu'à obtenir une consistance homogène, ou bien tempérez le chocolat en respectant la méthode décrite pages 11 et 12 (le tempérage).

Ajoutez la moitié de la cannelle (soit 1 cuillère à soupe), et remuez.

Versez le chocolat dans un moule à tablette.

Lissez en agitant légèrement la plaquette horizontalement.

Laissez refroidir à température ambiante pendant 15 mn.

Saupoudrez par-dessus le reste de la cannelle.

Réservez au froid (réfrigérateur) pendant au moins 3 heures en laissant le dessus de la plaquette à l'air libre.

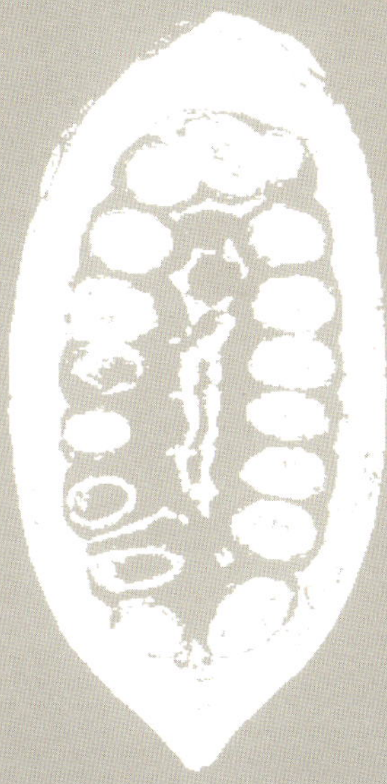

Ingrédients

- 90 g de chocolat noir
- 2 cs de cannelle en poudre

www.chocolanne.com

Remerciements

Un grand merci à Laurence Alemanno qui nous a éclairé sur les origines du cacao. Si vous vous promenez vers la place Denfert-Rochereau, arrêtez-vous absolument au 57 rue Daguerre !
Après 14 années de recherche en biologie du cacaoyer, Laurence fonde Chocolatitudes à Paris. Il s'agit d'une boutique conceptuelle dédiée au chocolat bio.
Elle anime des ateliers et conférences sur son thème préféré : le chocolat !

Chocolatitudes
57 rue Daguerre
75014 Paris
tel : 01.42.18.49.02
www.chocolatitudes.com

Vous pouvez retrouver les ustensiles présentés dans cet ouvrage chez MATHON, spécialiste d'articles de cuisine (vente par correspondance).
Catalogue envoyé sur simple demande :
• par téléphone : 0 892 391 100*
(du lundi au vendredi de 8h30 à 19h et le samedi de 9h à 18h) *0,34 €/mn
• à l'adresse suivante : MATHON - 38165 ST MARCELLIN Cedex
• sur notre site web : www.mathon.fr

L'éditeur remercie Elise Gravel pour sa collaboration.

Note : carambar est une marque déposée ®.
Photo p 7 : © BPK, Berlin, Dist RMN / Jörg P. Anders
Retrouvez nos ouvrages et projets sur nos sites web :
www.agriculteurdefrance.com
www.marin-pecheur.com
www.romain-pages.com
www.romain-pages.co.uk

Photogravure : Photogravure du Pays d'Oc (Nîmes, France)
Impression : Delo Tiskarna (Ljubljana, Slovénie), achevé d'imprimer août 2009.

Dépôt légal : septembre 2009
ISBN : 978-2-84350-316-0

Romain Pages Éditions
BP 82030 – 1A Parc Arnède
30 252 Sommières Cedex
France
e-mail : contact@romain-pages.com

Romain Pages Publishing
Lincoln House – 300 High Holborn
London WC1V 7JH
United Kingdom
e-mail : enquiries@romain-pages.co.uk